これからの病院経営を担う人材
医療経営士テキスト

第3版

診療科目の歴史と医療技術の進歩

医療の細分化による専門医の誕生、総合医・一般医の役割

初級

上林茂暢　共著
山内常男

5

日本医療企画

はじめに

　診療科の編成は、医療機関の経営の基礎をどこにおくかを示すものといえる。また、地域において自分たちの役割をどこで発揮しようとしているのかをアピールすることにもなろう。これらの集積が、地域全体として、ナショナルに適切なバランスを保てているかどうかが、医療システムの成否を問う鍵となるのはいうまでもない。

　診療科はこれまでのところ、自由開業医制のもとでの広告及びその規制の問題として論じられている。しかし前述のようにみてくれば、重要となるのは個々の医療機関の活動の技術的基盤をどこに求めるかに他ならない。しかもそれは、時代や技術進歩とともに変わってくるだろう。

　近代医学の登場以来、診療科はどのように変遷をとげてきたのか。その技術的基礎は何か。明治維新で近代化の道を歩んだ日本医療では、どんな展開をとってきたのか。そのことが技術水準の向上、患者サービスの向上にとって、いかなる意味を持ってきたのか。また現在、どんな課題を抱えているのか。

　本書では、これらの大まかなデッサンを試みた。医療機関のスタッフが、医療経営、医療管理の側からチームの一員として加わり討論を進めていくにあたり、その技術的意味、歴史的意味を考えるよすがとなれば幸いである。

　　　　　　　　　　　　　　　　　　　　　　　　　　　　　上林　茂暢
　　　　　　　　　　　　　　　　　　　　　　　　　　　　　山内　常男

目次 contents

はじめに……………………………………………………………………………… iii

第1章 医療経営と診療科 …………………………… 1

1. 技術と密接な関連を持つ医療経営 ……………………………………… 2
2. 医療機能のレベルと専門診療科──地域医療支援病院の技術的内容の検討を …… 3

第2章 近代医学の確立における診療科の分化 …… 7

1. 疾病構造、技術構造を反映する診療科 ………………………………… 8
2. 近代医学への道程と内科の誕生 ………………………………………… 9
3. 創傷治療が出発点の外科、分娩の介助として生まれた産科 ……… 11
4. その他外科系の分化 …………………………………………………… 15
5. 小児科の独立 …………………………………………………………… 19
6. 精神科の独立 …………………………………………………………… 20

第3章 わが国の医療の近代化における診療科 …… 27

1. 大学医学部にみる診療科の独立 ……………………………………… 28
2. 西洋医の養成 …………………………………………………………… 35
3. 医師・歯科医師の標榜と広告 ………………………………………… 38
4. 単科病院にみる疾病構造の重圧 ……………………………………… 45

第4章 戦後の技術進歩と診療科 ……… 59

1 医療技術の進歩における3つのピーク ……… 60
2 戦後に誕生した診療科 ……… 67

第5章 診療科の課題と展望 ……… 91

【コラム】国民医療法 ……… 44
　　　　ライシャワー事件 ……… 53
　　　　宇都宮病院事件 ……… 53
　　　　「広告可能な診療科名の改正について」
　　　　（厚生労働省医政局長2008.3.31）とその意味 ……… 84
　　　　医療機関のウェブサイト広告規制 ……… 86
　　　　新専門医制度 ……… 94
　　　　地域包括ケアシステムにおける課題 ……… 96

索　引 ……… 101

第1章
医療経営と診療科

1 技術と密接な関連を持つ医療経営
2 医療機能のレベルと専門診療科——地域医療支援病院の技術的内容の検討を

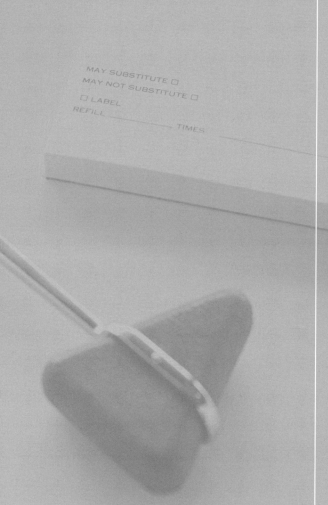

1 技術と密接な関連を持つ医療経営

　医療機関にとって、診療科をどう構成するかは、医療経営の根幹にかかわる問題である。
　病院の場合、開設、施設拡大にかかわらず、ベッド数の総枠と並んで、どのような診療科をそろえるかが重要になってくる。
　投下できる資本を有効に活用するために、次の2つの側面からの検討がなされる。1つは、診療圏のニーズ、特性（人口の流出入などの立地条件、医療機関の整備状況、住民の交通機関によるアクセス、駐車場スペースなどを含む）の分析が行われる。経営学でいう市場調査に相当する。2つめは、建物、装備、人材面がどこまで準備できるかの分析であり、これらが技術的力量を左右する。
　社会保険診療の下では、日当点（患者1人あたりの1日診療点数）、在院日数（通院日数）、患者数で収入が決まってくる。支出面では、医薬品費（材料費を含む）、人件費、機器リース代、外注費用、設備投資利子などが挙げられ、その収支バランスが経営の要である。これらを勘案して診療科も編成されていくが、いずれにせよ医療技術が直接関与することが医療経営の特殊性といえよう。

2 医療機能のレベルと専門診療科
——地域医療支援病院の技術的内容の検討を

1 医療機能の類型化

　高度医療の進展に伴い、医療機関は医療機能のレベルを意識した自らの守備位置を明確にし、相互に連携を進めることが不可欠になってきた。

　高度医療機器は大型かつ高額となるが、その適応範囲は相対的に狭い。また、医療技術の特性として必ずしも機械化が省力化につながらない。むしろチーム医療は拡大され、かかわる人材も増えてくる。対象となる症例数からいっても、数百床以上の規模を必要とし、診療圏も広域となる。頻度としては少ない疾病、あるいは疾病の経過の中で限られた局面に深く切り込む三次医療の専門病院(特定機能病院／第二次医療法改正1992年)が第一の群として挙げられる。

　これに対し、風邪や各種急性疾患、高血圧・糖尿病などの慢性疾患など日常的に数多く遭遇する疾患群で、外来で対応可能(無床)なものは診療所や一般医が担う(一次医療)。わが国の場合、胸部X線撮影装置、心電図などがほぼすべての診療所に導入されている。血液をはじめ検体検査も検査センターを活用することで、一次医療の診断能力を高めることができ、迅速な診療が可能となっている。消化器系に関心の深い一般医では、消化器ファイバー(GFS)による上部消化管検査や腹部エコーなどを駆使し、診療の幅を拡げている例も少なくない。とはいえ、診療所がCTまで装備することが好ましいかどうかは、検討する必要がある。

　入院もしくは専門外来での検査や治療を要するが、三次医療ほどの専門分化したものを必要としない場合は、地域医療支援病院(二次医療／第三次医療法改正1998年)で対処される。脳卒中や心筋梗塞、がんなどは、二次医療レベルで対応できるものと三次医療を要するものに分かれる。

　高度医療の登場以前は、病院の規模は単に量的なものにすぎなかった。実施される手術の質的な技術の差はみられず、薬であれば診療所と病院で共有されてきた。ところが、高度医療は前述のような性格をもっているにもかかわらず、そのことが理解されないまま機器の導入がはかられてきた。技術レベル(病床規模)を無視し、医療機関の企業努力に任せた高度医療機器の無秩序な導入の結果、CT、MRIなど人口対比で世界一の普及をみてきた半面(図1-1)、そのことが必ずしも質的な技術水準の向上につながらなかった。のみ

ならず、医療費の高騰を招き、遂に医療機能の類型化が図られるにいたった。その際、対極にある三次医療と一次医療の違いは分かりやすい。これに対して、二次医療と三次医療は対象疾病や装備する機器が共通することもあって、ともすればあいまいになりがちである。

　二次医療、三次医療ともに、がん、脳卒中、心筋梗塞などを共通して扱う以上、CT、MRI、エコーなどの装備は必要になる。しかし、その守備範囲が違っている以上、機器導入の目的も違ってこよう。冠動脈バイパス手術、心臓カテーテル、脳卒中の手術などを、二次医療と三次医療でどのように分業するか、連携するか。技術進歩の段階を見極め、検討が必要であろう。

　これまで二次医療機関は三次医療機関をモデルに、技術の導入を図ってきた。しかし、病床規模、地域や住民のニーズ、診療圏などの制約から、一定の装備・スタッフを要する高度医療技術を入れようとしても質量ともに圧縮したものにならざるを得ない。機器は導入されたとしても、専門の常勤医の複数確保が難しい。パートに依存するにせよ、その合間は関連の常勤医でしのぐしかない。術後のフォローや増悪時の対応を考えると、質の低下は免れないだけでなく、事故にもつながりかねない。のみならず常勤外科医のオーバーワーク、看護師などのコ・メディカルの労働強化が常態化し、ついには本来、二次医療が担える胃潰瘍の出血、虫垂炎などごく日常的な疾患への緊急対応にも支障を来す可能性が生じる。

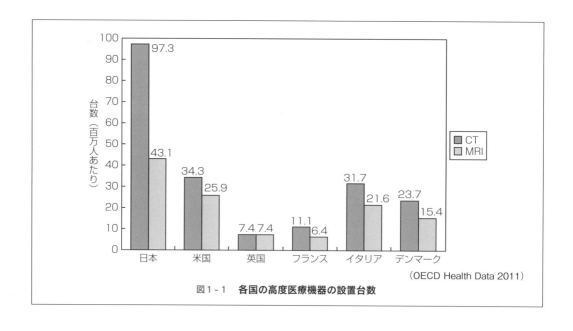

図1-1　各国の高度医療機器の設置台数

　逆にいえば、一次医療をバックアップしながら二次医療を担う地域医療支援病院の技術

的役割を明らかにし、その底上げを図っていけば、国民医療が抱える問題の大部分は解決がつくはずである。三次救急医療機関が一次・二次救急医療に忙殺され、本来の業務に専念できないのも、一次医療、二次医療の不備を物語る端的な例といえよう。一般医の技術内容の検討があいまいなままに専門医制が語られてきたことが、「家庭医」、「かかりつけ医」、「総合医」が強調される割にその定着をみないのと同根とはいえまいか。

　人口の高齢化が進み、高齢者の身体機能の低下に対処していくことの比重が日常診療で高まっている。従来、福祉の対象として医療が関心を払ってこなかった障害者への積極的な対応、残存能力を最大限に引き出すリハビリテーション医療の技術をどう取り込むか。似たような意味で、交通事故死亡者数を超える年間2万人以上にも及ぶ自殺者の増加や、増大しつつある「心の病」、認知症への対応など、一次医療を含む二次医療が新たに対応を迫られている課題は少なくない。さらに、医療的な処置と福祉・介護の双方の役割を要する高齢者の入所施設、在宅療養患者の増悪の入院、家族の介護負担を軽減するためのショートステイ的機能（一時預かり）としての入院なども必要になる。これらは治療技術としては高度なものを必要としないが、介護度が重い。現行の療養病床（第二次医療法改正1992年）の機能も二次医療には欠かせない。

　いずれにせよ、二次医療を三次医療のミニチュアととらえる発想から脱却し、二次医療の独自の役割を検討することこそ、類型化の基本に求められているといえよう。本来、医療技術の専門分化が時代のニーズから生じている以上、地域医療支援病院の診療科の編成にあたり、少なくとも以上のような視点を欠くことができないだろう。

2　二次医療機関の専門診療科、専門医

　このように考えてくると、地域医療支援病院の専門診療科、専門医の役割の検討も必要になろう。小児科・精神科・皮膚科・眼科・耳鼻咽喉科・産科・婦人科・整形外科・泌尿器科など内科系、外科系診療科の分化であれ、呼吸器・循環器・消化器など内科、外科内部の専門分化（subspeciality）であれ、二次医療と三次医療ではその役割が違ってこよう。

　その具体的内容は、それぞれの診療科により決まってくるが、一般に、専門領域の中でも頻度が少なく、特殊で大がかりな装備を要するようなものは三次医療機関の役割となる。頻度が多く、その領域では基礎的なことに対応する技術は三次医療の専門医と二次医療の専門医の間で共有されるが、頻度の多いものは二次医療機関で対処できるようにする。頻度が少なくても特殊な装備を必要とせず、安全に対処できるものは二次医療でも扱い得る。このなかには、対診などで三次医療の専門医の指導を受けながら経験を積み、押さえるべきポイントが習得できれば二次医療で可能なもの、定期的な対診で三次医療の専門医のチェックを受けながら基本的に二次医療で扱うものも含まれる。

　専門領域における三次医療の専門医と二次医療の専門医の関係は、二次医療の専門医と

一次医療の一般医との関係にも当てはまる。二次医療の専門医の領域の中でも日常に数多く、さほど特別の装備を要しないものは、一般医の技術として習得できるようにする。このようにして三次医療の専門医、二次医療の専門医、一次医療の一般医の技術の間は連続したスペクトルをなしながら、それぞれが固有の技術を持っていることになる。しかも、技術の進歩により、これらの技術が順繰りに委譲されることも起こってくる。

　その結果、一次医療の一般医、二次医療の専門医は自分のレパートリーを増やし、技術者としての成長を図れる。患者もより身近なところで対応してもらえる。しかも、一次医療、二次医療での過剰な装備も防止できる。このようななかで、二次医療の場合は必ずしも常勤医複数制でなくても、常勤医＋パートの専門医といった組み合わせで対処できる場面も出てこよう。一次医療、二次医療の技術水準の向上や底辺部分の底上げによって、専門医は自分の専門に専念できることになる。

　個々の医療機関は診療科を自由に標榜し、その内容をつくり上げることは可能である。だが、診療科の形をとった医療技術の進歩の成果がその機能を十分に発揮するには、相互に関連をもった技術構造を踏まえたものでなくてはならない。このような視角から、時代や社会のニーズに応えて医療技術が進展するなかで、どのように診療科が誕生し、変遷を遂げてきたかを、第2章以降で整理しておく。

第2章
近代医学の確立における診療科の分化

1. 疾病構造、技術構造を反映する診療科
2. 近代医学への道程と内科の誕生
3. 創傷治療が出発点の外科、分娩の介助として生まれた産科
4. その他外科系の分化
5. 小児科の独立
6. 精神科の独立

1 疾病構造、技術構造を反映する診療科

　診療科は、技術の進歩に伴い専門分化してきた。内科、外科など治療法による区分(薬と手術)に始まり、それぞれが対象となる器官系・接近方法で細分化(呼吸器・循環器・消化器・アレルギー科など)されてきた。また、対象となる臓器別に眼科・耳鼻科・整形外科・脳神経外科(脳外科)・心臓外科(心臓血管外科)・泌尿器科・産婦人科・皮膚科・肛門科、歯科、精神科など、さらには年齢(小児科、老人科)、放射線科・麻酔科・リハビリテーション科・理学診療科など、用いられる技術による区分、性(婦人科)などが相互に重なり合うような形で登場している。

　古くは種痘病院、梅毒病院、整骨病院などに始まり、その後の伝染病院(病棟)、結核病院(病棟)、がんセンターなど単科の専門病院の出現・推移も、どんな診療科が技術的に、社会的に主要な課題になっているかを示しているといえよう。

　今日では結核は、抗結核剤の出現、特にリファンピシンの出現により、治療期間は長くても一般感染症として一般内科で扱われるようになった。同様に、長く精神科の一分野として扱われてきた"てんかん"も抗けいれん薬の出現で、神経内科、脳神経外科で一般的に扱われるようになっている。

　その意味で、診療科の変遷は、基本的にその時代の疾病構造、技術構造を示し、普及の程度(技術水準)が標榜の条件ともいえる。もちろん、同じ診療科でも、その時代により内容は違ったものとなるのは言うまでもない。最初に近代医学の歴史のなかでどのような分化が行われてきたのか、そのあらましをみておく。

2 近代医学への道程と内科の誕生

　病気は昔も今も恐れられていた。目の前に苦しんでいる人がいるとして、これと似た症状の病人がどのような結末をたどっていったのか、過去の経験を大事にし、その蓄積から推測していくことにより診断の第一歩が始まったに違いない。そのため、多くの人が集まってくる広場で他の経験を収集することも大切で、「遍歴医」という言葉も生まれている。

　発熱や痛みを解消するのに有効な薬草の知識も経験的に蓄えられていった。治療法に限界があるとしても、今後どうなるかの見通し（予後）は、重要な意味をもっていた。

　病への恐怖と不安が大きく、呪術や宗教的なものが支配してきたなかで、ギリシャの自然哲学を背景に、これらを神秘的な出来事としてではなく、経験と合理的な方法で接近できる自然の過程と考える医師群が誕生してきた。その代表がヒポクラテスである（紀元前400年ごろ）。

　「流行病」、「急性病」、「内科疾患」、「婦人病」などの記載を進めるなかで、徹底した症状の観察・経過を追うこと、予後の重要性を重視したことで知られる。生体が自然治癒力をもっていることも見抜き、それを大事にすることを強調した。その後、目覚ましい医療技術の進歩をみせた現代にも通じる、医療技術の基本的な考え方を提示しており、"医学の祖"といわれるゆえんでもある。

　ヒポクラテスより600年後に生まれたガレノスは古代医学の総決算を行ったといわれている。棘（いばら）のような迫害の下で次第に人々の心をとらえていった初期キリスト教の精神は、身寄りのない病人・精神障害者・ハンセン病患者など、社会から排除されている人たちを引き取り、看護・ケアを行う修道院に引き継がれた。そして、それが病院の誕生につながっている。しかし、医学、医療技術そのものは教会の権威のもとで安住、ガレノスの言説を墨守し、目の前の患者よりも文献の解釈に関心が向けられたため、大きな進展がみられなかった。

　この中世の停滞を脱し飛躍への突破口になったのが、イタリア・ルネッサンス期の人体解剖だった。アンドレアス・ヴェザリウスは自らメスをとり、解剖し、「人体の構造について」を著した（1543年）。人体の形態的な理解は、豚、山羊など動物の解剖による類推の段階を脱却し、科学的な基盤をもつ医学への飛躍の第一歩となった。

　次の世紀に入り、ウィリアム・ハーヴェイの血液循環論（「動物の心臓ならびに血液の運動に関する解剖学的研究」1628年）を契機とする生理学の登場により、人体の構造（解剖学）

に加え、機能に関する解明が進められる。さらに、病気で亡くなった人の解剖(病理解剖学)も行われるようになり、形態面、機能面から病変への接近が図られ、疾病を理解する基礎がつくられていった。

他方、17世紀末から18世紀半ばにいたる時期に、オランダのライデンで当時「全ヨーロッパの教師」といわれたヘルマン・ブールハーフェは、病院で患者の状態をみたうえで尿や脈をみる検査を行い、病気の有無を調べ、診断し、治療計画を立てた。臨床教育の原型がつくられ、近代的な診療のスタイルが確立した。このライデンを中心とするオランダの医学が「蘭学」の名前で日本に紹介されたのである。また、トーマス・シデナムは、種々の疾病の症状や経過からその分類を試みた(「医学の観察」1666年)。

フランス革命後のパリでは、病院や教育も含めて制度として近代的な臨床医学が誕生した。生前の臨床的な観察と病理解剖を結びつけた点が特徴的で、「パリ病院医学」と呼ばれる。ルネ・ラエンネックの聴診器(「間接聴診法」1819年)をはじめ、医師の五官を用いた理学的観察の方法もこの時期に登場してくる。

クロード・ベルナール(「実験医学序説」1866年)に代表される生理学は、その時代の物理学・化学の成果と結合して、機能的な面から病態に接近していく。また、ルドルフ・ウィルヒョウ(「細胞病理学」1858年)により確立された近代病理学は、形態学の側から病因に迫る有力な手段を提供した。コレラ、天然痘、結核、肺炎、産褥熱など、人類が長く苦しめられてきた感染症の病因を明らかにするうえでルイ・パスツール(「自然発生説の検討」1861年)、ロベルト・コッホ(「炭疽病の原因」1876年)による細菌学の研究が前進の基礎となった。このような蓄積をもとに、近代医学は進展し、すべての診療科の出発点ともいうべき内科は自らの内容を豊かにしていった。

その後、ウィーンでの発展を経て、医学の中心はドイツに移り、「研究室医学」が花開いた。そのドイツに明治以降、日本からの留学生が集まることになる。前後してアメリカもパリやドイツに留学生を送っていた。アメリカではヨーロッパで研修を積んだ医師が、その後のアメリカ医学を担っていった。アメリカはパリの「病院医学」を踏まえてドイツの「研究室医学」へ移行した。つまり、歴史をもった西洋医学を輸入したのであるが、一方、日本はパリ病院医学を飛び越して、ドイツ医学一辺倒であった。日本の大学医学部が研究に重きを置く点や、基礎と臨床の疎隔があるのは、パリ病院医学を取り入れずドイツ医学のみを取り入れたことにその一因があるのではないかともいわれている。

③ 創傷治療が出発点の外科、分娩の介助として生まれた産科

　内科と並んで、外科、産科も診療科として歴史が古い。人間が獣を追い、手傷を負ったり、骨折したりしたのは有史以前からのことであり、その当時から傷に対する対処は個人、家族または部族で行っていたと思われる。また、部族間の争いで傷を負うこともあり、そのような外傷に対する処置も行っていたと思われる。また、支配者の引き起こす度重なる戦乱は多くの外傷者を生み出した。武器の進歩とともに戦傷も重症化し、その中で外科学も進展してきた。古くから薬草などの採取と手当て（ケア）など内科的な対応と並んで、外傷や助産など治療・処置を要する外科的なものは、その出発点から存在してきたといってよい。

1　外科

　簡単なケガなら、ほうっておいても自然に出血も止まり治癒するのは誰しも経験しているであろう。しかし、それではすまないとき、止血や縫合の技術も必要とされる。しかも、人体は自然治癒力をもっているだけに、治療が効果があったのかどうか判然としないことが少ない内科に比べ、外科は積極的に介入するために、その効果は歴然としている。富国強兵を国是として近代化を図ろうとした明治政府がそれまでの主流だった漢方から西洋医学に転換したのも、このような判断が働いていたに違いない。

　それほど日常的に必要とされている創傷治療も、中世では理髪業と兼業しているものが多かった。内科、医学、医療技術のなかで一段低いものとして外科医はさげすまれてきた。その背景には、優れたギリシャの民主主義が奴隷の労働の上に成り立ち、労働を蔑視してきたことがあるだろう。このような状況を脱却し、外科医の地位の確立に大きな影響を与えたのは、フランスのルネッサンス期に活躍したアンブロアス・パレ（1517〜90年）である。

　度重なる戦乱に従軍したパレはその経験から、四肢切断時の止血には焼灼よりも結紮が勝ることを示した。それまでの苦い経験から、術後の化膿を恐れるあまり焼灼が行われてきたが、苦痛が激しいだけで、生体の自然治癒力も妨害する。結紮し清潔にしておくほうが傷の治りも早かった。しかし、処置後の化膿により結紮した糸がはずれ、再出血する苦い経験も少なくなかった。創傷の治療だけでなく、パレはヘルニアの手術、骨折や脱臼の

処置、気管切開、包帯法とさまざまな外科機器を創案し、外科の進展に貢献したのみならず、分娩時における産科手術も手がけ、フランスの産科学の確立にも貢献している。

創傷の治療のみならず、手術療法の進展には、何よりも正確な人体の構造の理解が欠かせない。その点で、前述したパレと同時代のアンドレアス・ヴェサリウスの解剖学の確立は、以後の外科学の進展にとっても重要な基盤になった。

さらに、手術療法にとって最大の困難は、疼痛、出血、術後の化膿だった。これをいかに克服するかが、外科学確立の過程に大きくかかわってきたといってよい。

パレの止血法に続き、麻酔法は若干年代が下がり、1846年にウィリアム・モートン（アメリカ）が行ったエーテルによる麻酔公開実験の成功から発展した。麻酔剤も笑気、エーテル、クロロホルムなど、ガス化学の進歩に支えられ開発されていった。また、局所麻酔剤コカインの登場は、角膜の表面麻酔（1884年）、脊椎麻酔（1898年）への進展につながっていった。このようにして、患者のみならず術者さえひるみたくなるような手術に伴う凄まじい痛みから解放された。

しかし、痛みの克服が容易になり手術が増えると、消毒の技術が確立されていないところでは、術後の感染により死亡を増加させる悲劇にもつながった。産院に勤めていたイグナツ・ゼンメルワイス（1818～65年）は、病理解剖を行った手指と衣服（当時、特に術衣を着用していなかった）のままで出産に立ち会う病院と、助産婦による産院での産褥熱（敗血症）の死亡率の違いに注目した。疫学的な根拠から、診察前に手洗いを励行することで産褥熱による死亡を激減させられるというゼンメルワイスの提唱「産褥熱の原因・概念・予防」（1861年）は多くの産婦人科医に無視され、最終的にはジョーゼフ・リスターの石炭酸の使用（1867年）まで、この解決は持ち越された。

「腐敗は外気中の微生物の混入による」もので、生物の自然発生説を否定したルイ・パスツールの業績（1861年）に学んだリスターは石炭酸による消毒、創傷の被覆を取り入れ、良好な成績を得た。この消毒の考え方はその後、石鹸と流水による手指の洗浄、ゴム手袋の使用、ガーゼなどの材料・器具の煮沸・水蒸気による滅菌へと発展し、今日の無菌手術の原型が形づくられた。

MRSA（メチシリン耐性黄色ブドウ球菌）が社会問題となる契機になった手術患者の死亡例も、抗生剤の普及でかえって消毒の基本がおろそかになりがちなことへの警鐘ともいえよう。

近代の外科学は、この3本の柱（麻酔法、無菌法、止血法）を支柱にして発展していった。このような発展を遂げてきた外科が、内科と並んでまず病院の診療科として出発した。

2　産科

　産科も人類の発生以来の古い歴史をもつ。出産自体は本来生理的なもので、その介助も家人、近隣の女性の手で行われてきた。14世紀ごろから独立した職業として登場した後も専ら助産婦(師)の仕事とされてきた。15世紀末から16世紀にかけて助産婦(師)制度が制定される都市も出現し、産院もニュルンベルク(1339年)、パリのHotel Dieu(1378年)などに誕生してきた。

　他方、ルネッサンス期に入り、解剖学の登場とともに、人体解剖学に基づく産婦人科学が生まれた。前述の外科医パレをはじめ、フランスでは外科医が分娩介助に関与するようになり、パレはフランスの近世産婦人科学の祖ともされている。ルードヴィッヒ14世のとき、皇太子妃の第一皇子の分娩にジュール・クレマン(1650～1729年)が招かれたこともあって、16世紀には出発当初から外科の一部に属しているものの、産科は助産婦のみで構成されていたHotel Dieuに男性の医師が関与できるようになった。自然科学の発達で経験主義的に行われていた分娩介助が医学的根拠をもつようになったことに加え、男性医師の進出がルネッサンス期の人間復興の気運のなかで果たされてきた点は興味深い。

　半面、16～17世紀の世界の産科学をリードしたフランスに学んだイギリスやドイツが自立する過程で、自然分娩を尊重し、外科学主導の産科学への批判も生まれてきた。手術的な介入の濫用が自然の分娩機転、正常娩出力を軽視していることへの反省で、18世紀に入り、フランスでも自然分娩の原則がとられるようになった。

　産科と並んで婦人科学も、19世紀に入ると進展をみせる。その契機となったのは、外科学と同様、麻酔、無菌法の進歩により、安全に開腹手術が可能になった点であろう。アメリカでジェイムズ・シンプソンがクロロホルム、エーテル麻酔を導入し(1847年)、回転術、骨盤位摘出術、産科鉗子なども容易になる。このことをきっかけに、アメリカが世界の産婦人科学をリードすることにもなる。

　無菌法については、前述のリスターの石炭酸の使用(1867年)で、最終的に死亡率は激減した。このようにして婦人科手術も軌道に乗り、定型的子宮全摘除術を婦人科医ウィルヘルム・フロイントが手がけたころから(1878年)、外科医から産婦人科医への分化が本格的になったといわれる。

　生理学(物理学的、化学的)の進歩に支えられ、排卵、月経、受胎、分娩、産褥の解明も進められた。胎盤内の母体血管と胎児血管の関係、乳汁分泌の他、胎児心音の聴取、分娩機序の解明も進み、自然の娩出力を生かした分娩誘導が確立されるとともに、帝王切開術式も確立され(フランク、1907年)、その適応も検討されるようになった。ピーター・チェンバレンにより始められた産科鉗子も19世紀末にはほぼ今日の様式のものになった。さらに、子癇(妊産婦が突発的にけいれんを起こす病気)の本態が妊娠中毒であることも突き止められ、新生児膿漏眼(新生児が産道で母体の淋菌に感染すると発症する結膜炎で、風

眼と呼ばれる)の硝酸銀治療など産科、婦人科が総合的な進展をみせ、今日の産婦人科の原型が形づくられた。

創傷治療が出発点の外科、分娩の介助として生まれた産科 ❸／その他外科系の分化 ❹

 # その他外科系の分化

　この他、外科の一分野として出発し、近代医学の確立のなかで種々の診療科が分化、独立していった。そのあらましや特徴、発展のきっかけなどをみておく。

1　整形外科

　整形外科は「L'Orthopedie（オルトペディ）」を著したニコラ・アンドリ（1741年）の命名で、そのなかでの挿絵（現在も整形外科のシンボルマークになっている）が示すように、小児の先天的あるいは後天的な（結核、小児麻痺）変形を予防し、機能の障害を正常に近づけることから出発した。その後、副子（シーネ。固定のための添え木）による固定、包帯による圧迫・固定による機械療法や体操療法が中心となっていた。

　骨、関節、脊椎の変形を広く扱うなかで、腱切り（1831年）、骨切りなどの手術療法が取り入れられ、外科分野の1つとして（「整形外科」）の発展を遂げるが、リスターの石炭酸洗浄による防腐法（1867年）がきっかけになった。リスター自身、この方法により、開放骨折を切断することなく治癒させることに成功した。以後、整形外科手術の領域拡大が可能になり、19世紀末までにはアメリカ、イギリス、ドイツ、フランス、イタリア、オーストリアで一般外科からの分離が達成された。

　外科が腹部臓器をはじめ身体内部に比重を移すなかで、もともと担っていた骨折、脱臼、関節疾患を整形外科の領域として確立していったといえよう。

　20世紀に入ると第一次世界大戦、第二次世界大戦による戦傷、災害外科、スポーツ医学と、その対象も拡大している。同時に、身体の姿勢及び運動機能を対象とするには、手術療法だけではなく、後療法、リハビリテーションなど筋肉の運動学の進展が欠かせない。

2　眼科

　眼球の構造と機能を把握するには局所解剖学、特に顕微鏡組織学、細胞病理学の蓄積を要した。同時に、物理光学、生理光学（眼光学）、屈折や調節の生理と病理、色覚や光覚などの視覚生理学、感覚生理学と並行して種々の検査機器の開発により、眼科の診療の基礎がつくられてきた。18世紀後半には眼（外）科医が現れ、ヘルマン・ヘルムホルツの検眼

鏡(1851年)が眼科臨床に応用された19世紀半ばごろから、医学の専門科として形をなしたといわれる。

ウィーン大学にヨーロッパの諸大学に先駆けて独立の眼科学教室が創設されたのは1812年である。初代教授ベールは白内障手術、虹彩切除術をはじめ優れた業績をあげ、「眼科教科書」(1813年)も著した。トーマス・ヤングは角膜の曲率のほぼ正確な算定をし、遠近調節が水晶体の変形に基づくものであることを確認し、乱視の最初の記述やヤング・ヘルムホルツの三色説(赤・緑・青の三要素が色覚にあり、この三要素の刺激の比率により色の区別が生じるという色覚学説の1つ)の提唱など、眼生理学において重要な業績をあげた。1851年、ヘルムホルツが検眼鏡を発明し、網膜を初めて観察することに成功した。1864年、ドンデルスは「屈折と遠近調節の異常」を発表、近視、遠視、老視を区別し、屈折異常の問題に光を当てた。ベルリンのアルブレヒト・フォン・グレーフェ(1828～70年)は検眼鏡を自由に使いこなし、緑内障手術・治療の業績でも有名で、眼科学の分野で数多くの業績を残した。

3 耳鼻咽喉科

耳科医は外科医、喉頭科医は喉頭にも関心をもつ胸部知識に詳しい内科医から生まれてきた。

耳科学の父といわれるジョゼフ・G・デュベルニー(1648～1730年)の「聴器に関する論文」(1683年)は最初の専門書として知られる。耳科学を外科の領域から引き離し、独立の地位を与えた最初の国はフランスで、ジャン・イタール(1774～1838年)は初めて耳を専門に研究した。耳管カテーテルによる慢性化膿性中耳炎の治療や耳管カテーテルの技術の改良などにより、耳科学は進歩した。ドイツでは耳科学の先達、ヴィルヘルム・クレイマー(1801～75年)が「耳科学の理解と治療」を著した(1835年)。イギリスではジェームズ・イエースレイが初めて耳鼻咽喉専門科医として開業し、ジョゼフ・トインビー、ウィリアム・ワイルドらによって耳科学は専門科に値するまで技術的に高められた。

喉頭鏡の原理を発見し、喉頭科学の父祖とされるマエノル・ガルシアは歌の教師だった。1854年、声帯の動きを観察するのに初めて成功し、その後、喉頭鏡は医学に応用され、実用的な外科の精密機器として普及した。

喉頭科学が鼻科学を併合して鼻咽頭科学が誕生し、さらに診断器具として反射鏡を用いる耳科学と合わさり、耳鼻咽喉科学が成立した。

4　性病を共通項として出発した皮膚科、泌尿器科

　社会病としての性病の初発部位が皮膚(梅毒)、泌尿器(淋病)と隣接する部位に病変を引き起こすということもあって、皮膚泌尿器科と呼ばれることが多かった。また、皮膚に関する疾患は下級の外科医に任されていた。1801年、アリベールがパリのサン・ルイ病院に最初の皮膚科臨床講座を開き、性病学の開拓者フィリップ・リコール(1800～89年)が「性病概論」を著し、梅毒と淋疾を区別した(1858年)。

　ヘブラ(1816～80年)は1841年、ウィーン総合病院の「発疹患者室」という皮膚病患者が収容されていた部門の主任医師となり、「病理解剖学に立脚した皮膚病分類の試み」を発行、皮膚病分類の基礎をつくった(1845年)。ヘブラから皮膚科学は専門科としてスタートしたといわれる。

　パリのルロイ・デティオール(1798～1860年)は、「泌尿器科学」という言葉を初めて用いたが、抗生物質の普及する以前は淋菌感染症の治療が大半を占めていた。1879年にニッツェが膀胱鏡を開発、1890年代には膀胱内部をくまなく観察できるようになり、膀胱内小手術を可能にした。膀胱鏡の登場、進展は専門診療科として泌尿器科が出発するうえで大きな役割を果たした。

5　歯科と口腔外科

　抜歯を中心とする歯科術は古くから行われていたが、フランスの外科医パレやフーシャル(1678～1761年)によりその基礎がつくられた。「歯科外科医」を著し(1728年)、近代歯科医学のルーツとも呼ばれるフーシャル、オーストリアのフィリップ・ハップ(1716～80年)、ロンドンのジョン・ハンターといった18世紀に活躍した3人が、職業的立場としての「歯科外科医」を確立したといわれる。

　さらに19世紀に入ると、新興のアメリカ大陸に輸入され、ヨーロッパ諸国を凌駕するような飛躍的発展を遂げるにいたった。充填用材料(金、アマルガム、セメント)、インレー(歯冠部を削った際の修復方式の1つで、窩洞部分に金属、審美修復剤ポーセレンなどを充填する)の製作、亜硝酸による歯髄失活、ドリルやエンジンなどの治療機械器具、補綴、義歯床材料、咬合器、架工義歯、咬合の不正を改善する歯列矯正など全面的な進展をみせ、今日の歯科治療の原型がほぼ出来上がった。世界で初めての歯科医学校もボルチモアに創設された(1839年)。

　ホーレス・ウェールズやウイリアム・モートンにより始められた全身麻酔は口腔、歯、顎骨並びにその隣接組織のすべての外科的疾患、外傷、発育異常を取り扱う口腔外科の確立、発展にも大きな役割を果たした。コカインによる局所麻酔、ノボカインの伝達麻酔、浸潤麻酔は日常の歯科診療に活用されている。第二次世界大戦の戦傷に対する顎顔面外科

として飛躍的な進歩を遂げた口腔外科は口蓋裂、顔面腫瘍などの治療法につながっている。歯科は診療所もしくは病院外来での対応が中心で、口腔外科は入院を要することもある。

5 小児科の独立

　小児科はもともと内科に属していたが、分化にはさまざまな厚い壁が存在した。1769年、アームストロングにより小児施療院が開設された。1802年、パリに世界最初の小児病院が建てられ、リィイエ（1814〜61年）とバルテス（1811〜91年）による小児病の教科書が出されたのが1843年であった。しかしながら、当時、小児科学を内科学と別の専門科とみなす考えに批判的な意見をもった人が多かった。そういう雰囲気の中で1894年、乳幼児の栄養論に大きな貢献があったオットー・ホイブナーが初めてベルリンの小児科学正教授になった。

　小児科学の独立には、近代栄養学の進歩と細菌学の登場が大きな意味をもった。当時乳幼児の死因に大きな影響を与えたこの2つが克服されていくなかで、小児科学は独立の道を歩んでいくことになった。

精神科の独立

　「精神医学」という言葉は1808年、ヨハン・クリスチアン・ライルによってつくられた。精神障害の患者は、西洋でも収容施設の出現以前は鎖に縛られたり、檻や馬小屋に閉じ込められたりする者も少なくなかった。

　ウィリアム・バッティは、1751年、ロンドンに聖ルカ病院をつくり、施設に患者を入れることによる治療的利点を指摘した。バッティとともに精神医学が誕生したともいわれている。

　イタリアのフロレンスのキルアジは、治療的精神病者収容施設を運営するための基本を明示した(1793～94年『狂気に関して』刊)。

　フィリップ・ピネル(1745～1826年)は患者を鎖から解放し、毎日の回診と病歴記録を行った。1801年にピネルは、施設は明確な精神療法ではなく、治療的な性質をもつ監禁の経験を利用した心理療法を行う場所であると教科書で結論づけている。ピネルの考えはその弟子であるエスキロールによって深められ、ピネルらによって精神病が近代医学の対象となった。ピネルは近代精神医学の祖ともいわれている。

　以上のように、内科からは小児科や精神科が分かれた。しかし、消化器、呼吸器、循環器、腎臓、神経、代謝など、それぞれの専門分野は内科のなかで取り扱われ、専門医による専門科として正式に独立するのは基礎医学での知見が増え、臨床にその成果が表れる第二次世界大戦後を待たねばならなかった(表2-1)。

精神科の独立 **6**

表2-1 西洋医学の歩みと日本

	医学の中心地	外科	眼科	産科	歯科	小児科	精神科	整形外科	皮膚科	泌尿器科	耳鼻咽喉科	脳神経外科	日本
1400年代													
1500年代前半		ヴェサリウス[ファブリカ]パレ											
後半		↓											
1600年代前半				デフェンネル									
後半	ブールハーフェ(蘭)			↓	[歯科外科医]確立								
1700年代前半	↓			大学最初の産科学教室	↓			整形外科と命名			デュベルニー[聴器に関する論文]		
後半			眼科医出現	現在に近い鉗子			バッティ聖ルカ病院						
1800年代前半	パリ病院医学(仏)コルサゴヴィール、ラエンネックなど	麻酔エーテル	眼科の専門分科 眼科学教室	アメリカでの歯科の発展		世界最初の小児病院	ピネル、エスキロール		皮膚病分類ヘブラ		イエースレイがMetropolitan Ear Institutionを設置		
	ドイツ研究医学へ	無菌法リスター	検眼鏡と屈折異常の区別	婦人科手術の試み+性腺内分泌の知見増加		小児科正教授生まれる		ギプスの発明	梅毒と淋病の区別	膀胱鏡の発明	喉頭鏡の原理発見	頭蓋内手術が試みられる	1868年明治維新その後、留学開始
1900年代前半	アメリカ医学の発展							第一次世界大戦				アメリカで花開く	
後半													

(川喜田愛郎著『近代医学の史的基盤 上・下』岩波書店、1977年を参照して作成)

確認問題

問題1 医療の技術進歩に貢献した人物①～⑤と、その業績a.～e.を、正しく組み合わせ。

[選択肢]
① アンドレアス・ヴェサリウス
② ウィリアム・ハーヴェイ
③ ルネ・ラエンネック
④ アンブロアス・パレ
⑤ ジョーゼフ・リスター

a. 聴診器を発明し、胸部の診察法を考案
b. 石炭酸を使った消毒法・無菌手術の創始者の一人
c. 血液循環論の提唱者
d. 現代人体解剖の創始者
e. 外科医の地位確立に貢献

確認問題

解答 1

① -d.　　② -c.　　③ -a.　　④ -e.　　⑤ -b.

解説 1

①アンドレアス・ヴェサリウスは、自らが行った人体解剖から得られた知見を、「人体の構造について」(1543年)に著した。

②ウィリアム・ハーヴェイは、1628年、血液循環論を発表した。ハーヴェイ以前から肺循環は知られていたが、体循環は知られていなかった。

③ルネ・ラエンネックは、1819年、「間接聴診法」を著した。円筒状に巻いた紙を胸に当て、それで体内の音を聞いたのが聴診器の始まりであった。

④アンブロアス・パレは床屋外科医の息子として生まれ、止血には焼灼(しょうしゃく)よりも結紮(けっさつ)が勝ることなどを発見した。

⑤ジョーゼフ・リスターは創傷感染を防ぐために、パスツールの研究を外科手術に応用した。

確認問題

問題 2 次の選択肢のうち、誤っているものを１つ選べ。

[選択肢]

①フィリップ・ピネルは、精神科学の確立に尽力し、近代精神医学の祖といわれている。

②イグナツ・ゼンメルワイスは、診察前の手洗いで産褥熱による死亡を減らせることを示した。

③ウィリアム・モートンは、エーテルによる麻酔を行った。

④医学の中心は、オランダからドイツ、それからパリに移り、その後、アメリカで盛んとなった。

⑤近代外科学の発展には、麻酔法、無菌法および止血法の３つが必要であった。

確認問題

解答 解説

解答 2 ④

解説 2

①○：ピネルは患者開放や毎日の回診、病歴記録を行い、近代精神医学の祖といわれている(20ページ参照)。

②○：ゼンメルワイスは、『産褥熱の原因・概念・予防』(1861年)で医療従事者に手の消毒を義務付けることでその発症率を激減させることができることを指摘した(12ページ参照)。

③○：アメリカ・ボストンの歯科医であったウィリアム・モートンは、鎮痛作用のある揮発性の液体エーテルを使って吸入麻酔による手術を成功させた(12ページ参照)。

④×：医学の中心地は、蘭学の本場であるオランダから始まり、パリにおいて近代的な臨床医学が花開いた。その後、パリからドイツに医学研究の中心は移り、続いてアメリカで医学のさらなる発達・発展が成し遂げられた。

⑤○：近代外科学は、麻酔法、無菌法、止血法の3本の柱を支柱として発展していった(12ページ参照)。

第3章
わが国の医療の近代化における診療科

1 大学医学部にみる診療科の独立
2 西洋医の養成
3 医師・歯科医師の標榜と広告
4 単科病院にみる疾病構造の重圧

1 大学医学部にみる診療科の独立

1 診療科の変遷

　西洋医学が取り入れられる以前にも、日本には中国、インド、ヨーロッパの国々の影響を受けた診療科が存在していた。

　鎌倉時代には本道(内科)、外科以外にも産科・眼科の専門医が存在していたといわれている。南蛮医学流・和蘭流外科医は江戸時代を通じて幕府の医官となり、1641年に鎖国体制が敷かれた後は洋書の輸入も一般には禁止されていたが、医薬、外科、航海に関するものは例外であった。江戸時代には小児科や骨折・脱臼を治す整骨科を専門とする者も現れた。現在の日本の診療科目は、江戸時代以前に形成された診療科の上に、西洋医学が取り入れられ、その結果分化してきたものである。

　明治維新前後に日本がどの国の医学を選ぶかが問題になった際に、イギリス医学が一時優勢になっていたが、結局はドイツ医学が選択されるにいたった。イギリス医学は海軍や成医会(東京慈恵会医科大学の前身)にのみ残されることになった。

2 帝国大学(現東京大学)の場合

　明治以降にどのような診療科目が生まれていったかをみるときには、当時唯一の大学であった帝国大学(現東京大学)における診療科目の分化に注目する必要がある。

　当時のお雇い外国人ミュレルとホフマンは1871(明治4)年に着任したが、それぞれが担当した診療科目は、ミュレルは外科(+眼科、産婦人科)で、ホフマンは専ら内科を教えた。外国人教師を雇える人数は限られているので、一人でいくつもの科をカバーして医学教育が開始された。その当時の本科生が教えを受けた診療科目は内科、外科、眼科、産婦人科の4つであった。1886(明治19)年の帝国大学令によって帝国大学医科大学になった際の臨床科目の教授は佐々木政吉(内科)、宇野朗(外科・皮膚梅毒学)、助教授は伊勢錠五郎(内科)、片山芳林(外科)、甲野棐(眼科)、ベルツ(内科・産婦人科)、スクリバ(外科・皮膚梅毒学・眼科)であった。1893(明治26)年に講座制が敷かれたときには、内科、産婦人科、小児科、外科、眼科、精神病科、皮膚病学梅毒学講座のすべてで日本人が教授となった。留学生が次々に帰国し、彼らが教授になったり、新しい講座を開設したりするこ

とによって、お雇い外国人から医学を学ぶ時期を脱することになった。

　内科から精神科や小児科が分かれ、外科から皮膚科学梅毒学（それから泌尿器科学）、耳鼻咽喉科学、整形外科学、放射線医学などが分かれていった。戦後は麻酔学、脳神経外科学、胸部外科学などが分かれていった。歯科は口中科が明治以前からあったが、明治期にドイツよりもアメリカ医学の影響を強く受けたのが特徴である。

　ここでは、帝国大学の臨床系講座の変遷をみていく。

　内科、外科も日本人が教授になり、ベルツやスクリバが去った後、内科は佐々木政吉、青山胤通ら、外科は宇野朗、佐藤三吉らによってそれぞれ担われた。

　眼科学に関しては、1883（明治16）年に梅錦之丞がドイツから帰国して教授になるが、病のため退職し、その後、1889（明治22）年に河本重次郎が教授となり眼科学講座を担当した。

　産婦人科はミュルレが診療・講義をしていたが、1884（明治17）年に清水郁太郎が産科学婦人科学教室の教授に就任したが、半年で病没した。その後、浜田玄達が留学生として研修し、帰国後第2代教授に就任した。

　精神医学は、1879（明治12）年以来ベルツが内科学の中で精神病について講義していたが、1886（明治19）年に初代教授の榊俶により精神医学教室が創設された。

　小児科は1888（明治21）年、弘田長がドイツより帰国して教職に就いた。それが、東大小児科学教室の始まりである。

　皮膚科学梅毒学は、1886（明治19）年に宇野朗が医科大学教授になり、本科生に外科学の傍ら皮膚学梅毒学も講じた。1890（明治23）年、村田謙太郎により皮膚科学梅毒学が正式に開講されたが、村田は1892（明治25）年に逝去した。1893（明治26）年に講座制の下、皮膚病学梅毒学として1講座を占め、1898（明治31）年に土肥慶蔵が皮膚科学梅毒学の講座担当となった。1921（大正10）年に皮膚科学泌尿器科学講座と改称された。泌尿器科学は、皮膚科泌尿器科学として全国に広められた関係上、皮膚科学の付属物とみなされることも多かった。当時の教室員は、皮膚科学と泌尿器科学の両者を研修することが必要であり、1925（大正14）年に中野等教授と土肥教授がそれぞれ泌尿器科と皮膚科を担当し、1926（大正15）年に皮膚科学講座と泌尿器科学講座の2講座になった。

　耳鼻咽喉科は、耳鼻咽喉科を設置する目的で外科助教授の岡田和一郎を欧米に出張させ、耳鼻咽喉科を研修させ、1900（明治33）年、岡田が帰国後、耳鼻咽喉科教室が誕生した。

　整形外科は、1906（明治39）年にドイツから帰国した田代義徳（1888〈明治21〉年、東大卒）が教授を担任し、わが国初の整形外科教室が誕生した。その後に開設された大学医学部の整形外科の多くには田代門下生が教授となり、そこで育った医師が整形外科の専門医として活躍していった。1902（明治35）年、ドイツで先天性股関節脱臼の保存的治療をめぐる論争の結果、ドイツ外科学会から整形外科医が脱退し、新たにドイツ整形外科学会が結成された。ドイツでこの様子を実体験した田代義徳らが中心となり、田代の定年退官後

の1926(大正15)年、日本整形外科学会の発足をみる。その後、機関誌として日本整形外科学会雑誌が創刊され、専門診療科として独立していく。学会の設立と機関誌の発行は、専門分科した診療科にとって独立を証明するうえで必須の事項であった。

放射線医学は、1925(大正14)年に整形外科の高木憲次教授がレントゲン学講義を開講した。1927(昭和2)年に塩田外科レントゲン室に勤務の傍ら放射線医学の講義を始めた中泉正徳が講師に嘱託された。1928(昭和3)年、ドイツに留学中の中泉正徳が助教授に任ぜられ、1934(昭和9)年に放射線医学講座が開設された。

口腔外科学は、1900(明治33)年に石原久が助教授として初代主任に就任した。1903(明治36)年に病室で歯科外来診療が開始され、1915(大正4)年に石原久が教授となり歯科講座が独立した。

以上のように西洋医学を学んだ帝国大学の卒業生が留学し、新たな講座を担当するときが日本で新しい診療科が根付きはじめた時期であった。

3 その他の大学・医学専門学校などの場合

次に、東京帝国大学以外の医学部・医学校では開設当初にどのような講座からつくられていったのであろうか？

いくつかの大学や医学校で、その開設の古い順番から、どのように専門分化が進んでいったかをみていく。

(1) 帝国大学(京都・九州)

京都帝国大学は、1899(明治32)年に内科学、1900(明治33)年に外科学を開講し、その後、1901(明治34)年に婦人科学産科学、眼科学を開講、1902(明治35)年には小児科学、精神病学、皮膚病学梅毒学など基本的な診療科が追加された。1905(明治38)年には耳鼻咽喉科、1906(明治39)年に整形外科が増設された。さらに下って1934(昭和9)年に泌尿器科学講座が新設され、1944(昭和19)年には航空医学講座と理学的診療学が付け加えられた。

九州帝国大学の場合は、1903(明治36)年に京都帝国大学福岡医科大学として誕生し、内科学、外科学、眼科学でスタートした。1904(明治37)年に小児科学、1905(明治38)年に婦人科学産科学、1906(明治39)年に皮膚病学、神経精神医学、耳鼻咽喉科学が追加となった。1909(明治42)年に整形外科学、1922(大正11)年に歯科学口腔外科学、1924(大正13)年に泌尿器科学、1929(昭和4)年には放射線医学が開設されている。

(2) 旧6医科大学(千葉・岡山)

千葉医科大学は、第一高等中学校医学部時代(1888～1896〈明治21～29〉年)には、内科、

外科、眼科、婦嬰(ふえい)科の診療科があった。1907(明治40)年に耳鼻咽喉学、精神病学教室が新設され、1909(明治42)年に皮膚病梅毒科が外科から分離した。1917(大正6)年には小児科学教室も加わった。

　岡山医科大学は、その前身は医学館で、1870(明治3)年には内科学、外科学、眼科学、産科学などがあった。岡山県医学校(1880〈明治13〉年)の生徒募集要項にも内科学、外科学、眼科学、産科学・婦人科学が記載されている。1895(明治28)年、県病院に小児科を設けられた。岡山医学専門学校(1904〈明治37〉年)時代には内科学、外科学、眼科学、産科学及び婦人科学に加えて、小児科学、精神病学が教えられていた。1907(明治40)年に耳鼻咽喉科が新設され、1913(大正2)年には皮膚病花柳病科がつくられ、1921(大正10)年に皮膚科泌尿器科と改称された。

(3)私立大学、医学専門学校(慶應、岩手)

　慶應義塾大学は明治前期から教育に携わってきた私学の雄であるが、医学部が認可されたのは1916(大正5)年のことであった。大学の開校式は1920(大正9)年に行われたが、1920～21(大正9～10)年前後の創設期の臨床系の診療科目は内科、外科、整形外科、産婦人科、小児科、眼科、皮膚科泌尿器科、耳鼻咽喉科、神経科、理学的診療科、歯科などとなっている。

　昭和初期に医学専門学校として認可された私立の岩手医学専門学校の場合は、1928(昭和3)年に開設されたが、同年に内科・外科・産婦人科、1929(昭和4)年に眼科・小児科・耳鼻咽喉科、1930(昭和5)年に皮膚泌尿器科、1931(昭和6)年に神経精神科、1935(昭和10)年に整形外科、1937(昭和12)年に放射線科というように急激にその陣容を整えていった。

(4)設立時の特徴

　すべての医育機関を取り上げたわけではないが、以上から、医学教育機関での臨床系講座の開設の傾向として臨床系の診療科目は、内科・外科・眼科・産婦人科が開設されることが多いことが分かる。次に、内科から精神医学や小児科などが分かれ、その後、外科から皮膚病学梅毒学や耳鼻咽喉科、整形外科、泌尿器科、放射線医学の順番で講座がつくられていくことが多い。

　もちろん、各大学の前身の有無や外科、内科等でそれぞれ独立する前から専門分化する診療科目が教えられている場合もあるなど違いがあるが、大まかなパターンとしては上記のような順番で大学にそれぞれの臨床系の講座が開設されてきたことが分かる。

　東京帝国大学でまず臨床系の講座が初めにつくられ、それが他の帝国大学に波及し、その後、旧6医科大学(新潟、千葉、金沢、岡山、長崎、熊本)でも開設されていった。

　私立の医学教育機関もおおよそ官立系の大学に習って、臨床系の講座がつくられていっ

た。各大学の教授には東京帝国大学の卒業生が就任することも多く、一部例外はあっても東京帝国大学を中心に他の帝国大学、旧6医科大学、官公立医科大学、私立大学、医学専門学校というようなピラミッド構造をもって臨床系教室が整えられていった。

医学教育機関を卒業した医師は、大学の臨床系講座で学んだ技術・技能をもって臨床現場で活躍した。戦前の診療科目の専門分化の足跡が各大学や医学校・医学専門学校の臨床系講座開設の順番にも表れている（表3-1）。

表3-1 大学別講座・診療科の設立年（戦前）

	内科・外科	眼科・産科（婦人科）	精神科	小児科	皮膚科学梅毒学	耳鼻咽喉科	整形外科	その他
明治4年	東京	東京						
明治13年	岡山	岡山						
明治19年			東京					
明治21年	千葉	千葉		東京				
明治23年					東京			
明治28年				岡山（県病院）				
明治32年	京都（内科）							
明治33年	京都（外科）					東京		
明治34年		京都						
明治35年			京都	京都	京都			
明治36年	九州	九州（眼）						
明治37年			岡山	九州				
明治38年		九州（産婦）			京都			
明治39年			九州		九州	九州	東京・京都	
明治40年		千葉				千葉・岡山		
明治42年					千葉		九州	
大正2年					岡山			
大正4年								東京（歯）
大正6年			千葉					
大正10年	慶應	慶應	慶應（神経）	慶應	慶應	慶應	慶應	慶應（理学・歯科）
大正11年								九州（歯科・口腔外科）
大正13年					九州（泌）			
大正15年					東京（泌）			
昭和3年	岩手	岩手（産）						
昭和4年		岩手（眼）		岩手		岩手		九州（放射）
昭和5年					岩手			
昭和6年		岩手						
昭和9年					京都（泌）			東京（放射）
昭和10年						岩手		
昭和12年								岩手（放射）
昭和19年								京都（航空・理学的診療）

各大学史を参考に作成しているため、講座制の採用年や前身の有無で正式な講座のはじまりは若干違いがある可能性があるが、講座開設や教えられた診療科目の概略は分かる。医学校・医学専門学校の場合はイタリック体。
（東京大学医学部百年史、京都大学七十年史、九州大学五十年史学術史上巻、千葉大学医学部八十五年史、岡山大学医学部百年史、岩手医科大学四十年史より作成）

4　日本医学の自立と医局講座制

　日本医学が自立した時期をいつと考えるかにはいくつかの見方があると思うが、その1つはお雇い外国人から西洋医学を学ぶ時期を脱して、日本人が日本人に西洋医学を教える形が完成した講座制の成立したとき（1893〈明治26〉年）である。

　当時は、せっかく欧米に留学しても大学教授にならずに他の職につく者も少なくなった。そこで、講座制では、給与体系の改革により帝大内の教官の待遇を改善し、それに合わせて専門の重視と学者の専攻責任の強調を目的としていた。講座の種類及び数の決定権と職務俸額算定の権限は文部大臣にあった。

　明治を通じて日本はドイツ医学から多くのことを学んできたが、1914（大正3）年に第一次世界大戦が勃発すると、ドイツとの交流が途絶し、自力で医薬品や医療機器の生産に努めなくてはならない状況になった。科学技術の自主独立のため研究所の設立も相次ぎ、大学化した教育機関も研究機関としての側面が重要視されるようになった。

　講座制の下、博士号を取得する者もいたが、1886（明治20）年より1920（大正9）年までの旧医学博士は年間60人を超えることはなかった。しかし、学位令の大改正（1920〈大正9〉年）によって、文部大臣の認可を経て大学教授会に学位審査権が与えられることとなり、学位の授与が以前よりも容易となった。改正前の旧学位令では32年間に844名の医学博士が生まれ、改正後の新学位令では約42年間に2万7,000名余りに学位が授与された。

　大学令で大学が増加し、新学位令によって博士号をめざす医師が増えることにより、各大学に医局講座制が成り立つ条件が整った。1つの新しい診療科を根付かせるために、重要な働きをしたのがこの医局講座制であった。医局で学び研究した医師が、その後も自分の選択した診療科を続けていくことにより専門診療科が日本に広がる契機となっていった。医局講座制の下、教育、研究、診療の3つが臨床系の教室では取り組むべき課題となったが、その中心は研究であった。医局に属し、医師としての研修を積みながら博士号の取得をめざす医師が大学卒業後も医局にとどまり続けた。医局に残ることは研修上有利な点があるのみでなく、博士号を取得するにも有利であった。博士号には医局員にとって経済的利点や役職獲得上有利な点があり、医学博士をめざす医師は医局に残り、医局員として研究・診療・教育に従事する形が出来上がった。

　医局を運営する側からみれば、研究する医師に十分な経費や生活費などを準備しなくても、大学の医局で研究に従事させ、業績を出させ、研究費の不足を補うこともできた。医局員は大学病院以外のアルバイトで糊口をしのがねばならなかった。

　科学技術の自主独立のための研究所が他にあまりなかった日本では、大学医局が研究の中心的な役割を担った。また、製薬会社などからみれば、自ら研究員を雇わなくても大学の医局を使って研究結果を利用できるなど利点もあった。

　学位の授受をめぐって利害が一致するところで、講座制に医局制が組み合わされ、医局

講座制が確立していった。
　臨床系教室の教授は、学位授与権、そしてポストを斡旋する権利を背景に医局講座制のトップに立ち、この医局講座制が東京大学をはじめ多くの帝国大学、官立医科大学などを中心に広がっていき、その影響下でそれぞれの診療科目の分化も進んでいった。

2 西洋医の養成

1 戦前の医師数と医制

　診療科目が細分化される前提条件として、国民に十分な医療を提供できる医療関係者、特に医師の確保が必要となる。明治政府はどのようにして医師を確保したのであろうか？明治初期から大正時代にかけて、下のグラフの医師数から分かるように、一定数(約4万人前後)の医師が確保されていた(図3-1)。

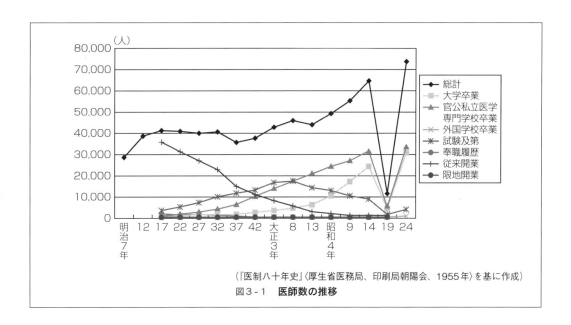

(『医制八十年史』〈厚生省医務局、印刷局朝陽会、1955年〉を基に作成)
図3-1　医師数の推移

　明治初期の医師の中心は漢方医であったが、明治から大正期にかけて漢方医から西洋医への入れ替わりが行われた。西洋医の育成の根本を規定したのが医制である。1874(明治7)年8月の「医制」では、①文部省統括下に衛生行政機構を確立し、②明治5年に頒布された学制と相まって西洋医学に基づく医学教育の確立がめざされ、③医学教育の上に医師開業免許制度を樹立し、④近代的薬舗の制度を樹立して医薬分業を確立し、衛生行政の確固たる基礎を築くことが示された。
　医制において、西洋医学に基づく医学教育と医師開業免許制度の樹立が規定された。

医制の第37条では「医師は医学卒業の証書及び内科眼科産科等専門の科目二箇年以上実験の証書を所持したる者を検し免状を与えて開業を許す」としていた。解剖学大意、生理学大意、病理学大意、薬剤学大意、内外科学大意、病牀(病床)処方並びに手術が試験科目であった。また医制では、産科、眼科、整骨科、口中科等の単一科の医師はそれぞれの科の解剖、生理、病理及び手術を試験して免状を授けた。当時の試験科目からは、内科、外科、眼科、産科、整骨科、口中科が診療科目として認められていたことが分かる。

2 試験による西洋医の養成

西洋医の医学教育機関での教育は緒についたばかりで、まずは今まで医師として働いていた漢方医に医師としての立場を保証したうえで、試験による西洋医をつくろうと試みられた。明治時代から大正にかけて、西洋医学を学んだ医師として多くを占めたのは野口英世などに代表される試験及第者である。

1875(明治8)年、文部省は東京、京都、大阪の三府に医術開業試験の実施及び開業免許事務手続きを明らかにした。

1879(明治12)年の医師試験規則では、試験問題のばらつきをなくすため、衛生局で試験問題を選定することとし、歯科が新たに加わり、官立の大学の卒業生は無試験となった。

1883(明治16)年の医術開業試験規則・医師免許規則において医師たるものの資格を定め、原則として医術開業試験を受け、内務卿から開業免許を得たる者が医師として認められた。開業免許を得たる者の氏名・本籍は、内務省の医籍に登録し、時々これを公示することとなった。これが、医籍登録の始まりである。

医術開業試験規則では、前期(物理学、化学、解剖学、生理学)、後期(外科学、内科学、薬物学、眼科学、産科学臨床実験)の2段階の試験となり、修学の履歴が必要となった。また、従来の開業医は引き続き開業が認められた。医師の少ない地方では、限地開業医制度によって医術開業試験を通らない者にも履歴によって仮免許を与えた。加えて、従来認められていた産科・眼科の専門科のみの試験がなくなった。

1906(明治39)年の医師法、歯科医師法では、医術開業試験は8年後をめどに廃止することとし、1916(大正5)年に廃止された。試験及第者は、1917(大正6)年には1万7,912人と最大数を数え、当時の医師の約39%に達するまでにいたった。しかしながら、その後漸減し、1949(昭和24)年には3,758人となり、当時の医師の約5%までその割合を低下させた(図3-2)。

医師法、歯科医師法によって、医師・歯科医師の免許は開業免許から身分免許へ変更となり、医師の身分が保証され、開業医制の発展の基礎がつくられることとなった。

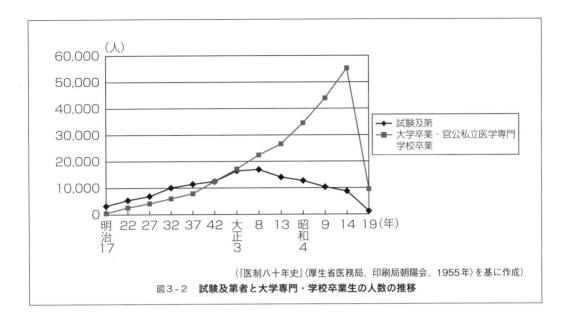

(『医制八十年史』〈厚生省医務局、印刷局朝陽会、1955年〉を基に作成)
図3-2　試験及第者と大学専門・学校卒業生の人数の推移

3　医学専門学校や大学の卒業生

　第1回の東京大学医学部生(予科本科8年)が卒業したのが1879(明治12)年であり、その後大学や官公私立医学専門学校の卒業生は徐々にその数を増やしていったが、その歩みは遅々としたものであった。

　1884(明治17)年では両者を合わせても580名で、当時の医師の1.4％にすぎなかった。明治30～40年代には官公私立医学専門学校卒業生や大学卒業生が増加し、1910(明治43)年には両者の合計は1万3,488人となり、試験に及第した者(1万3,126人)を上回るようになった。

　医術開業試験が廃止された翌年の1917(大正6)年では2万866人となり、当時の医師の約45％を占めるにいたり、試験及第者や奉職履歴・従来開業・限地開業者が減少する一方で、大学・専門学校卒業生がその立場を確固としたものとしていく。

　明治から大正にかけて、医師の中心は、漢方医から西洋医学を学んだ試験及第者、そして、大学や医学専門学校の卒業生に変化していったといえる。大学や医学専門学校の卒業生が中心となろうとする時期に医師の広告に関する規制や科名標榜が法律でも取り上げられるようになる。

3 医師・歯科医師の標榜と広告

1 医科と歯科の分業

(1) 歯科医師数の増加

　明治初期の免許をもった歯科医師数は、医師が明治期を通して一定の数がいたのに比較するとはなはだ少なく、1881（明治14）年に歯科の専門医として認められていた者は139人にすぎなかった。明治・大正・昭和初期を通じて歯科医師の数が徐々に増加して、1941（昭和16）年では歯科医師2万4,614人、医師6万7,612人となり、医師の約36％にいたるまでになった。このようにその数を増加させてきた歯科医師がどのように医科から分化し、その立場を確立してきたかを次にみていく（図3-3）。

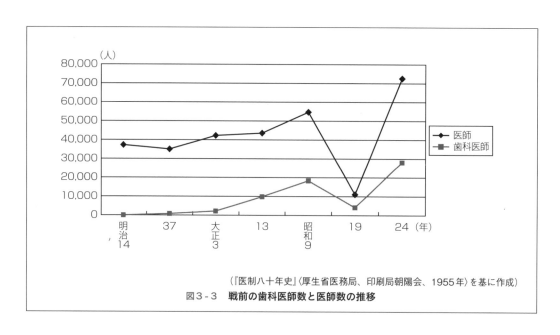

(『医制八十年史』〈厚生省医務局、印刷局朝陽会、1955年〉を基に作成)
図3-3　戦前の歯科医師数と医師数の推移

(2)歯科と医科の分離

　1874(明治7)年の医制では口中科は産科・眼科・整骨科と併記され、翌年(1875〈明治8〉年)には医術開業試験を実施することとなった。1879(明治12)年の医師試験規則で医術の科目に歯科が加えられ、1883(明治16)年までは医術開業試験に合格したものは医籍に登録されたが、医師と歯科の分化は不十分であった。1883(明治16)年に医術開業試験規則が定められたとき、歯科試験は別途行うことになり、歯科の分化が進んだ。前期(学説)試験と後期(実地)試験とに分けて行い、実地試験を受験するには2年以上の臨床修練が必要となった。そして、1883(明治16)年以降、合格者は歯科医籍に登録されるようになった。

　歯科の医科からの分化と歯科医師の免許制度が確立した一方で、当時「入れ歯・歯抜き・口中療治営業者」も歯科関連の営業を行っていた。1883(明治16)年に内務省は通達を出し、新規の開業は医術開業試験を合格しなければ認めない方針がとられた。その後、従来から入れ歯、抜歯、口中療治を行っていた者に道府県知事が鑑札を出し、取り締まりを行うことになった。しかし、それらの業者が歯科医師類似の医療行為をする可能性があったため、歯科医師側から取り締まりを厳密に行うように運動がなされた。その後、1906(明治39)年の歯科医師法で歯科医業の範囲も明確となり、歯科医師の立場が確立した。

　当時、歯科医師は医学を修めた後、歯科を専門にすべしという考えと、医学から歯学は独立すべきだという意見が対立していた。その後、試験のための私塾、私立教育機関の設立が続いたが、官立の教育機関の設立は遅れた。歯科医学は明治初期に来日したアメリカ人や、アメリカで歯科を学んだ人たちによって日本に移植された。1906(明治39)年の歯科医師法の後、1907(明治40)年に東京歯科医学専門学校(教育課程に実地修練を含む)が歯科医学専門学校として初めて認可された。その後、日本歯科医学専門学校(1909〈明治42〉年)も設立された。この2つの歯科医学専門学校はともにアメリカの歯科医学校をモデルにしている。その後も歯科医学専門学校の設立が続き、文部大臣から指定を受けた歯科医学専門学校の卒業生は無試験で歯科医師免許証が下付された。

　1916(大正5)年、「医師の歯科専門標榜其の許可に関する件」という内務省令が出された。医師で歯科医師を標榜する者は歯科学の課程を設ける学校等の首長の作成した、専ら歯科を修業し、かつ相当の技能を有する旨の証明書などが添付された修行履歴を提出することが必要とされた。医科が歯科を標榜する際の制限がここで明確となった。

　戦前の日本の歯科医学教育は1928(昭和3)年に認可された東京高等歯科医学校を除いて、すべて私立の専門学校教育であった。そして、戦後も私立教育機関中心に歯科医師養成が行われていくことになる。教育機関における医科教育は官立(ドイツに学ぶ)を主体になされ、一方で歯科医学教育は民間主体(アメリカに学ぶ)になされた。歯科は医科と違い、もともとアメリカがモデルであったため教育過程に実地修練が入っており、国家試験にも論述に加えて、実技が入っていた。このような点も医学教育と歯学教育の大きな違いであった。

2　広告と法的規制

(1) 医師・歯科医師の広告

　ところで、医師が自分の専門科目を公にすることはなぜ必要なのであろうか？　医師、患者ともにどのような医療の提供ができるのか伝えたい、または、受けられるのかを知りたいというのが主な理由であろう。特に医師にとっては経営上有利な広告をしたいという希望が強かったであろうが、診療に関する広告についての規制は、医制においては特に記載はされていなかった。

　最初に規定されたのは、1906(明治39)年の医師法、歯科医師法であった。
「第7条　医師はその技能を誇称して虚偽の広告を為し又は秘密療法を有する旨を広告することを得す」(原文ママ)というように禁止事項が明記された。

　1909(明治42)年の改正で許されたのは、学位、称号、専門科名の3つであった。
「医師は何等の方法を以ってするを問はす業務上学位、称号及専門科名を除くの外其の技能・療法又は経歴に関する広告を為すことを得す」(原文ママ)

　当時認められたものは、博士号などの学位、医学士、医学得業士などの称号、内科、眼科などの専門科名であった。博士や医学士、医学得業士であることが広告として認められたことは、これらを得ることができる大学や医学専門学校卒業生にとって有利であった。また、専門科名は時代とともに変わる可能性があったが、外国の大学や日本の医科大学病院で専門科名として認めたものは広告することも差し支えなかった。

　しかしながら、何が専門科名で何が技能または経歴かの判断は明確ではなく、多くの県知事から国に照会がなされたようである。この照会からは大正時代に行き渡っていた診療科の一端として、これらを医療機関がどのように広告していたかをうかがい知ることができる。

　大正時代の照会への回答では、専門科名として認められていたものには泌尿生殖器科、淋病梅毒・陰萎肛門病、内科、ことに神経痛、電気科、X光線科、内科(病類病名を列記せるもの)、外科(同)、結核早期診断、性病科、梅毒科、ワッセルマン反応試験(梅毒有無診断)、梅毒血清反応試験(毒の有無診断)、産婦人病院、特に流産早産予防、ディアテルミー科、レントゲン科、その他病名の列記などがあった。

　結核早期診断、ディアテルミー科(Diathermie：生体の深部に温熱作用を加え鎮痛・鎮痙効果を上げる治療)などは厳格に考えると技能療法の広告ととられるが、公益上の見地より黙認されているようであった。

　専門科名として認められず、技能療法として考えられたものには透視瞬間撮影、サルバルサン、カルチウーム、無痛、ヨード、池田液、永田氏液(以上のものに療法科または科名を付し、もしくは診断または療院の名を付するもの)、回春不老科、若返長寿科、ヴイ

タミン酸素診断部、尿道ブジー電光検診科、鍼術、灸術、按摩術の標榜、理学的療法科、平流電気浴救療、エッキス光線診断(照射写真)及び治療、X光線深達部、X光線皮膚病治療、中風予防、老衰予防、気管食道達鏡科、膀胱鏡科、植毛科、無毛症、眉毛禿頭及び禿の手術、人工太陽燈、一般電気療法、人工太陽科、紫光線平流電気科、○○酸素注射療院、○○堂注射療院、ワクチン療院、ヨード療院、灸療医院、○○漢法医院、漢法治療開始、六〇六号毎夜、完全なる治療の技工の調和的診断(歯科医師の場合)、○○理学療院などがあった。

しかしながら、以上をみても分かるように専門科名と技能の区別は明瞭ではなく判然としなかった。

その後、医師法の1933(昭和8)年改正では、

「医業に関しては何人と雖も医師の学位、称号及命令を以て定むる専門科名を除くの外技能、療法又は経歴に関する広告を為すことを得ず

内務大臣は前項に規定するものの外医業に関する広告を制限する為必要なる命令を発することを得」と規定され、専門科名に関しては、1933年改正の医師法施行規則で医師の場合、38種類の専門科名が明示された。

第10条　医師法第7条第1項の規定に依り専門科名を定むること左の如し(原文ママ)
一　内科、消化器病科(又は胃腸病科)、呼吸器病科、血行器病科(又は循環器病科、心臓病科)、新陳代謝病科、腎臓病科、神経病科(又は脳病科、脳脊髄病科)、精神病科、伝染病科、外科、口腔外科、内臓外科、整形外科、肛門病科、泌尿生殖器病科(又は花柳病科、性病科、泌尿器科)、皮膚科、産婦人科(又は産科、婦人科)、小児科、眼科、耳鼻咽喉科(又は耳科、鼻科、咽喉科)、放射線科(又はレントゲン科、X線科)、物理療法科(又は理学療法科)
二　前号以外の診療科名にして之を標榜せんとする医師に於て内務大臣の許可を受けたるもの

第10条の二　医業に関しては何人と雖も左の事項を広告することを得す　但し第1号の事項に付地方長官(東京府に在りては警視総監)の許可を受けたる場合はこの限りに在らず
一　無料診療、軽費診療、実費診療その他医業報酬の低廉なることを示す事項
二　避妊又は堕胎を暗示する事項
三　虚偽誇大に渉る事項

現在からみると若干の違いはあるが、現在みられる診療科目の多くが昭和初期にも法律上も認められており、一方で医業報酬の安いことや避妊堕胎、大げさな虚偽の記載が禁じられていたことが分かる。

(2) 専門医制の萌芽

1940(昭和15)年の医療制度改善方策において、以下のように診療科名及び専門標榜国家検定制度の創設が提起された。
- 診療科名の新設
- 現在の専門科名を少数に整理して之を診療科名とすること
- 診療科名は自由標榜制度とすること
- 専門標榜の国家検定
- 専門科名は診療科名より更に分化したるものとすること
- 専門科名を標榜せんとする者は厚生大臣の許可を受くること
- 専門標榜の許可は専門標榜審査委員会の審議を経るを要すること

その後、38種類あった科名は、1942(昭和17)年の国民医療法及び国民医療法施行規則において医業に関する科名は18種類に、診療科名は14種類に減らされることになった。

国民医療法(1942〈昭和17〉年)
第13条　医師又は歯科医師医業又は歯科医業に関して命令を以て定むる科名に付き専門を標榜せんとする時は勅令の定める所に依り主務大臣の許可を受くべし
第14条　医業又は歯科医業に関しては何人と雖も前条の規定による専門の標榜の外技能、治療方法、経歴又は学位に関する広告を為すことを得ず　但し医師又は歯科医師の称号及命令を以て定むる診療科名についてはこの限りに在らず
国民医療法施行規則(1942〈昭和17〉年)
科名専門の標榜の許可
法第13条の規定に依る医業に関する科名は左の如し(原文ママ)
一　内科、消化器科、循環器科、呼吸器科、神経科、精神科、小児科、外科、口腔外科、内臓外科、整形外科、産婦人科、皮膚科、泌尿器科、眼科、耳鼻咽喉科、理学診療科(又は放射線科)
二　前号以外の科名にして之を標榜せんとする医師に於て厚生大臣の許可を受けたるもの
法第14条第一項但書の規定に依る医業に関する診療科名は左の如し(原文ママ)
一　内科、精神科、小児科、外科、整形外科、皮膚科、泌尿器科、産婦人科(又は産科、婦人科)、眼科、耳鼻咽喉科、理学診療科(又は放射線科)
二　前号以外の診療科名にして之を広告せんとする医師に於て厚生大臣の許可を受けたるもの

科名が減っただけではなく、国家認定制度が取り入れられた。しかしながら、審査を終

えないうちに敗戦を迎え、実際には有効に活用されずに終わった。
　許可の要件は次のように規定されていた。

国民医療法施行令(1942〈昭和17〉年)
一　免許を受けたる後10年以上診療又は医学の研究に従事したる者にして命令の定むる所に依り診療の指導を受けたるもの
二　前号に該当せざるも之に準ずべき経歴を有する者

　科名の広告は、明治末から戦前にかけてその内容が整備されたが、専門医制は十分に機能せず、戦後にその発展が待たれる状況であった。
　歯科の場合は、歯科医師法施行規則(1906〈明治39〉年)の1933(昭和8)年改正において13種類の専門科名が示されていた。

　第9条　歯科医師法第7条第1項の規定に依り専門科名を定むること左の如し(原文ママ)
　保存科、歯槽膿漏科、歯科外科(又は口腔外科)、抜歯科、補綴科、繼續架工科、顎骨補綴科、口蓋補綴科、歯列矯正科、X線科(又はレントゲン科)、小児歯科
　第9条の二　歯科医業に関しては何人と雖も左の事項を広告することを得ず　但し第1号の事項に付地方長官(東京府に在りては警視総監)の許可を受けたる場合はこの限りに在らず
一　無料診療、軽費診療、実費診療その他歯科医業報酬の低廉なることを示す事項
二　虚偽誇大に渉る事項

　また、歯科でも1942(昭和17)年の国民医療法及び国民医療法施行規則で医業に関する科名が5種類に、診療科名は歯科1種類のみとなった。

国民医療法施行規則(1942〈昭和17〉年)
　第27条　法第13条の規定に依る歯科医業に関する科名は左の如し(原文ママ)
一　保存科、補綴科、矯正科、歯科外科(又は口腔外科)
二　前号以外の科名にして之を標榜せんとする歯科医師に於て厚生大臣の許可を受けたるもの
　第36条　法第14条但書の規定に依る歯科医業に関する診療科名は左の如し(原文ママ)
歯科

　診療科の分化は、諸外国の医療技術の開発や診療科の確立に左右される部分も多く、国

内では計画的につくられたわけではなかった。

　診療科名は時代が下がるにしたがって整理されていったが、現在からみれば医療技術も不十分で、感染症が猛威をふるい、平均寿命も短く、受診できる国民の数も限られていた戦前にあっては専門分化の弊害が問題になることは少なかった。戦後の専門医制度の兆しが認められるも、戦況の悪化のため実を結ばずに終わった。

> **column　国民医療法**
>
> 　国民医療法は1942(昭和17)年に制定され、総動員体制の下、医師の犠牲の上に官僚統制の強化がなされた。医療の普及(医療機関の分布是正のための開業の制限、医師の勤務指定制度、平時における徴用制度、無医地域に対する公的医療機関の設置及び各種医療機関の整理統合)、医療費に関する合理化(診療報酬規定の制定、処方せん発行方法の改正、保険制度の拡充など)、医療内容の向上(学校教育期間中に行う実地修練制度、医術向上のための医師の補習教育の採用、診療科名を整理するとともにより分科した専門科名標榜についての国家検定制度の創設、医業の広告制限)、医師会の改組について規定され、国民医療法の規定に基づいて日本医療団が発足し、医療機関の全国的管理がめざされた。

医師・歯科医師の標榜と広告 ❸／単科病院にみる疾病構造の重圧 ❹

 # 単科病院にみる疾病構造の重圧

1 疾病ごとの専門医療施設

　西洋医学の影響で診療科目が大学の講座として認められ分化していく流れの一方で、社会的に問題となった疾患には、専門的な病院や施設をつくって対応してきた。避病院や娼妓病院、脚気病院、ハンセン病療養所、結核療養所などがそれに該当する。これらの専門病院や疾患について、概略を紹介する。

　1874～82（明治7～15）年の病院数は図3－4のように増加していったが、その内容をみると、癲狂病院、梅毒病院、脚気病院、らい病院、貧民病院、種痘病院というように現在ではあまり見慣れない病院名が記載されている（表3－2）。他には眼科病院、産科病院、整骨病院、外科病院などの単科病院が存在していたが、ここでは社会問題化した疾病に罹患した患者がどのような境遇に置かれていたかをみながら、医療機関の内容を簡単に紹介する。

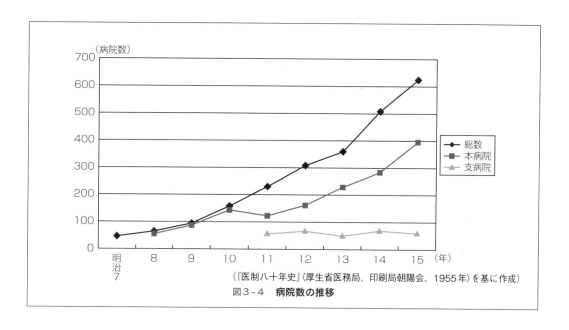

（『医制八十年史』〈厚生省医務局、印刷局朝陽会、1955年〉を基に作成）
図3-4　病院数の推移

医療経営士●初級テキスト5 | 45

表3-2　各種病院の状況

	癲狂病院	梅毒病院	脚気病院	ライ病院	貧民病院	種痘病院	眼科病院	産科病院	整骨病院	外科病院
明治7年										
明治8年		3								
明治9年		7			1					
明治10年		12			1					
明治11年	1	40		4	1	2				
明治12年	3	61		6	1	2				
明治13年	3	57	3	6	1	1	3			
明治14年	5	135	4	5	1	1	5			
明治15年	6	130	5	5	1	1	9	1	1	1

(『医制八十年史』〈厚生省医務局、印刷局朝陽会、1955年〉を基に作成)

2　避病院——コレラの猛威

　現代ではコレラは時に感染者が出たことが報告されるのみで、日本の人々はコレラに恐怖感を抱かずに過ごしている。2014(平成26)年現在では感染者数は5名となっており、明治初期に比べると激減している。しかしながら、コレラに代表される伝染病は明治時代の日本人にとってはとても大きな医療上、衛生上の問題であった。コレラは「虎烈刺」とも記されたが、その文字にはコレラの恐ろしさが込められている(図3-5)。

　コレラはコロリといわれるように急激な経過が特徴的であったが、1～2日で意識不明になり死亡する転帰をとる者が多かった。経過が早くて死亡する者が多く、大流行するこ

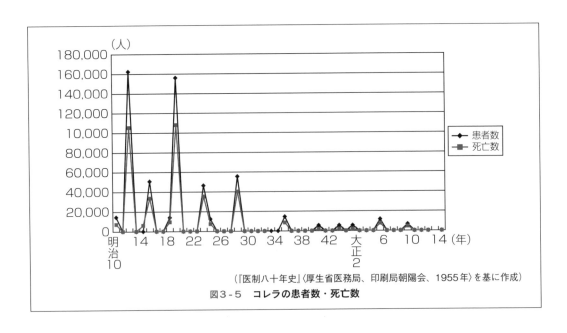

(『医制八十年史』〈厚生省医務局、印刷局朝陽会、1955年〉を基に作成)
図3-5　コレラの患者数・死亡数

とが当時の人々を恐れさせていた。

当時の生活環境は、上下水道がなく、生活用水も自然流水や井戸に頼る生活で、便所も汲み取り式であり、糞尿が肥料として引き取られるような生活様式であったため、いったんコレラが発生すれば大流行につながりやすい条件がそろっていた。また、治療方法もよく分かっていなかった。

コレラ患者の場合、健常者に感染させないことが重要視されたため、患者は隔離され、悲惨な状況に置かれていた。細井和喜蔵著『女工哀史』では、コレラ患者と考えられる者は全部助からないものと考え、毒を飲ませ、死にいたらしめたことが記載されている。

そのようなコレラ患者を収容する施設が避病院であり、そこでは外からの交通を断ち、厳しい消毒と患者管理を行った。

避病院は、初めのころは常設ではなく、伝染病流行時のみ設置する形となっていたが、コレラが全国的に流行するにしたがって各地に「避病院」がつくられるようになった。避病院は現在の感覚で考える伝染病の病院ではなく、医者は常駐しておらず、「避病院＝生きている患者を捨てるところ」ともみなされていた。

社会防衛の観点のみが重視され、健常者を救うために患者は見捨てる方針が貫かれていた。医師、看護人も不足し、医薬品も不完全であった。病気の伝播を恐れるあまり家族・親戚の見舞いも一切許されなかった。避病院は辺鄙な土地に安普請でつくられ、感染が落ち着くと焼かれてしまうものも少なくなかった。

当時一般には避病院へ送られると死ぬと考えられており、避病院では患者の処遇状況も悪かったことから、お金に余裕がある者は自宅療養を選ぶことが許されていた。金持ちは自宅療養で、貧乏人は避病院というように病人の処遇も貧富で差があったのが、その当時のコレラ患者の置かれた療養環境であった。

コレラなどの伝染病であると判断されると、患者の避病院への移送や人家・家具の消毒、そして、厳しい交通遮断などは当時、巡査の判断で行われていた。途中から医師が患者や家族に質問し、診察や予防・消毒についても説明するようになったが、警察の監督教導下にあった。住民の気持ちを無視した警察の処置は各地でコレラ一揆に結びつく場合もあった。

3 脚気病院──脚気闘争

脚気はビタミンB_1の欠乏によって起こるしびれ、脱力感、心不全などを生じる疾患である。

江戸時代中ごろから精白度の高い白米に主食が変わってきた都市部を中心にみられていたが、明治になって人口が都市に集中し、主食以外の副食が減少したことと相まって流行病の様相を呈してきた。

国も脚気に対して1878(明治11)年には「脚気病院」をつくり、漢方と洋方の治療の比較検討が行われた。積極的な脚気対策は、軍の中に脚気患者が発生した段階で本格化した。結核と同様に脚気も軍において問題視された段階で初めて、国も本腰を入れた対策を検討しはじめた。このような姿勢は戦前繰り返されてきた。

日清戦争では出征人員1,000人につき180余人、総患者数1,000人につき145人が脚気に罹患し、日露戦争では総傷病者数の4分の1、総病者の2分の1弱は脚気患者であった。戦闘での負傷よりも脚気が軍隊を打ち負かしていた状況にあった。

海軍でも航海中に脚気患者が多数発生し、航海中止になる苦い体験をした。そこで兵食改良が行われた。その際に海軍の決定に大きな影響を与えたのは英国に学んだ高木兼寛(現東京慈恵会医科大学の創設者)であった。

当時の陸軍軍医幹部は白米から他の兵食に変更することに納得していなかったが、陸軍の第一線部隊から米麦混食が有効であるとの指摘がなされ、陸軍省令で雑穀を兵食に混用してもよいこととなった。その後、平時の陸軍の脚気患者は減少に向かっていった。陸軍が米食にこだわっていた理由の1つは、将来、朝鮮や中国での戦争を予定して、現地調達を図りたいという考えが隠されていた。

日露戦争時、主食を複雑にするのは困難という理由で白米が利用されたが、脚気患者が多発し、途中で米麦混合食に変更となった。陸軍の脚気対策の失敗に対して反省を求める声が上がり、陸軍でも臨時脚気病調査会がつくられた。しかし、その内容は必ずしも科学的ではなかった。その後のビタミン研究の影響などで、調査会もビタミンB_1欠乏説を認めざるを得なくなった。

本来ならば脚気の原因を明らかにし、決定的な治療法に迫れる可能性が日本の医学界にはあったはずであるが、国民の直面している課題の真の原因には目が向かなかった。日本の医学界には、当時から海外にその模範を求める傾向が強く、権威主義的側面も目立った。その後も日本の医学界はこのような体質を温存していくことになる。

4 娼妓病院(梅毒病院、花柳病院)

1882(明治15)年の専門別病院で圧倒的に多かったのが「梅毒病院」の130である。全体625病院の中で130の梅毒病院があったことは、梅毒が広い範囲に広がっていたことが示唆される。

花柳(芸者町の異称)のちまたで流行する病気を花柳病といい、性病を指す言葉であった。花柳病は娼妓を軸に展開した病気であるが、「娼妓病院」ができたのは英国海軍医官の建言によるもので、長崎、神戸にも開設されていった。白人の性病予防を目的に娼妓に強制的な検診が行われた。

貸座敷と娼妓からの徴税は恒常的な収益をもたらし、地域振興にとって遊郭設置は有効

な方法の1つであった。しかしながら、その実態は、売春婦の犠牲の上に性の処理を図り、検診の強化によって性病流行を防ごうとするものであった。

明治時代の遊郭には梅毒検査所と駆梅院が設立されていた。駆梅院が梅毒病院から花柳病院に名称が変更されていったのである。病院の多さは遊郭の多さと関連があったと考えられる。梅毒検査所と病院は警察行政の一翼として運用され、費用は娼妓税や貸座敷税をもって充てられ、遊郭の警備費用や梅毒検査費も賄われた。費用は最終的には娼妓に転嫁されたのであった。

5　らい（ハンセン病）療養所——過酷な療養環境

らい＝ハンセン病は昔からある病気で、らい菌の感染による感染症である。その扱いが問題になったのは明治以降のことであった。当時から、治療に効果がある温泉地や神社仏閣などにハンセン病患者は集まり、生活していた。

明治初期にはハンセン病治療で有名な病院、宗教病院などが建てられ、治療が試みられていた。しかしながら、徴兵検査でハンセン病と診断される者も増加し、治安を維持するためにも、温泉地や神社仏閣などで浮浪するハンセン病患者を取り締まる方向に舵が切られた。また、国際的にもハンセン病の伝染性と隔離の必要性が確認されたため、国際的な体面を維持するうえでも必要と考えられた処置であった（図3-6）。

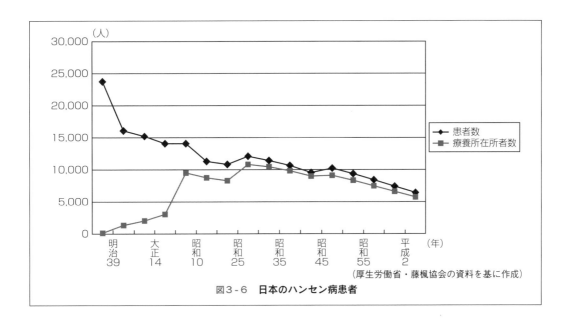

図3-6　日本のハンセン病患者

1909（明治43）年「癩予防に関する法律」が施行され、全国に5カ所の公立療養所がつくられた。1916（大正5）年、懲戒検束権を療養所長に与え、療養所内に反抗的な者を収容

する監房が設置された。

1931(昭和6)年、らい予防法では、地域社会からハンセン病患者を根こそぎ強制的に排除する道筋がつくられ、ハンセン病療養所は「入口はあっても出口のない収容所」であった。各県からハンセン病患者を探し出し、密告させ、収容する無らい県運動が推し進められた。

ハンセン病療養所は、治療する施設ではなく、生涯隔離が前提であった。断種手術を含めさまざまな差別、人権侵害が当たり前に行われていた。衣食住も不十分で、療養所内で耕作などの作業に従事し、軽症者が重病者の看護にあたるなどの病人による病人看護も行われていた。このような過酷な生活条件のため、患者の逃走が起きたが、療養所の管理者に反抗した者は群馬県草津の重監房へ送られ、そこでは名簿上、在室者総数は92人で、うち22人の死亡者を認めている。

1943(昭和18)年、治療効果のあるプロミンが開発されたが、日本での使用は戦後を待たなくてはいけなかった。戦後になって療養所での処遇の改善が徐々にではあるが図られていた。しかし、ハンセン病に対する差別感は現在でも完全にはなくなっていない。

6 結核療養所——結核克服への道

肺結核は結核菌による肺の感染症であり、戦前はもとより戦後もしばらくは"死病"として恐れられていた疾患である。

図3-7でも分かるように、戦後の日本人の死因の第1位として猛威をふるっていたのが結核であった。現在では、がんと宣告されることが患者にとって衝撃であるように、かつては結核と診断されることは死を予想させるものであった。

症状としては、咳、微熱、全身倦怠感、喀血、寝汗などであり、糖尿病の罹患やアルコールの多飲は危険因子の1つと考えられている。

現在でも、肺結核は排菌していれば専門病院(病棟)への入院が必要となり、保健所への届出も医師に義務付けられている。

今では抗結核剤により治療可能なものが多いが、なかには治療抵抗性を示すような例もあり、2016(平成28)年現在、全国で1,889人の方が結核で亡くなっている。

結核の蔓延は、日本資本主義の近代化の裏面でもある。明治以降工業化が進められ、衛生環境の良くない都市部に人口が集中し、そのため結核が猛威をふるうようになった。農村から出稼ぎに都市部や工場に集まった若年者が低賃金で重労働を強いられ、栄養不良や劣悪な住宅事情も加わり結核を発症した。発症すれば職場を解雇され、出身地の農村に帰された。そこで結核を周りの者に感染させ、農村部でも結核が蔓延する状況を招いた。その結果、徴兵検査を受ける若い男子の体位低下や、軍隊内の結核患者の発生につながっていった。その時点で結核は軍の関心事項となり、結核対策が推進されることとなった。し

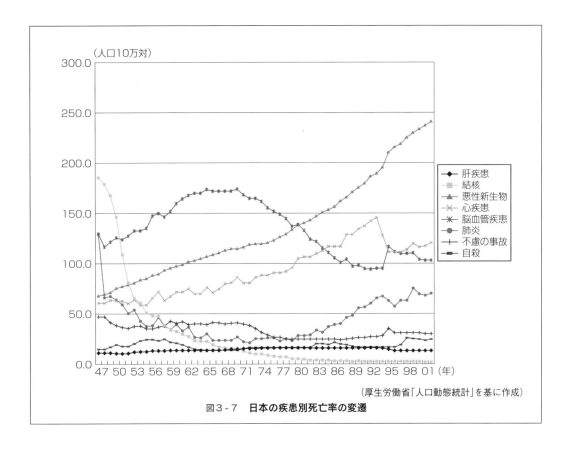

(厚生労働省「人口動態統計」を基に作成)
図3-7　日本の疾患別死亡率の変遷

かしながら、十分な効果を現さずに戦後を迎えることとなったのである。
　結核の治療法の変遷をみると医療技術史の1つの側面が分かる。
　結核菌に対して有効な方法がなかった時代の治療法の1つには、高原や海辺の空気の良いところ(サナトリウム)で栄養の良いものを食べながら過ごす大気安静療法が挙げられる。堀辰夫の小説『風立ちぬ』などはその当時のサナトリウムの雰囲気を伝えている。
　その後に主流となった治療法の1つに人工気胸術がある。病巣のある側の肺を人工的に気胸を引き起こし虚脱させることが、肺結核の空洞を虚脱・萎縮させて肺病巣の治癒促進につながると考えられ行われていた治療法である。人工気胸の様子は遠藤周作の小説『海と毒薬』に描写されている。
　次は行われた治療法に胸郭成形術がある。これも肺虚脱療法の1つであり、昭和10年代後半から20年代前半まで肺結核の外科療法として中心的に行われたものである。肋骨を通常6〜7本切除するもので、2〜3回に分けて手術が行われた。当時はこの手術を受けられる者はまだ病状が良い患者で、見込みのない患者は手術も受けられず死亡することも少なくなかった。そのため、患者にとっては「救いの治療」であった。しかし、全身麻酔下の手術でなく局所麻酔のため、患者は自分の肋骨が切除される音を激痛のなかで聞きながら手術を受けるという状況で、3年以内に手術体験者の7割が亡くなった。生き残った

患者も、この手術の影響で低酸素状態となり、在宅酸素を使用しなくてはいけない状況に置かれている人が少なくなかった。その後、病巣部分を切除する肺切除術が行われるようになり、これが後の肺がん手術の技術に受け継がれていく。

さまざまな結核の治療法があったが、決定的な役割を果たした治療法は抗結核剤による化学療法であった。抗結核剤によって"結核は死病"と恐れられることもなくなったが、現在でも再興感染症（かつて流行し、制圧されたと考えられてきた感染症の中で再び流行の兆しをみせるようなもの）として注目されている。

結核治療の歴史を振り返ると、猛威をふるう疾患に対して、その当時、最善と思われる治療法を選択した結果が思わぬ後遺症を招いたり、その後の新たな治療法の技術的基盤となったりすることが分かる。抗結核剤のような本質的な医療技術は、今までの病苦が嘘のように患者を治癒に導くことができる。これは、医療技術の果たしている役割を典型的に示している。

7　精神病患者を取り巻く歴史的な状況

明治初期には精神病患者を収容する方法として人権侵害的な「私宅監置」が行われていた。

1900（明治33）年、精神病者監護法では、本人の保護及び社会防衛の観点から精神病者の監護義務者を定め、私宅あるいは精神科病院、病室への監置をする手続きが定められた。費用は被監護者、扶養義務者の負担とされた。

東京帝国大学医科大学教授の呉秀三（1865～1932〈昭和7〉年）は、巣鴨病院医長を嘱託されると、それまで使われていた人権侵害的な手錠、足枷、鎖をやめさせ、廃棄させた。また、私宅監置の調査をし、私宅監置が非衛生的で家族の扱いも良くなく、医療も十分に受けられていないことを示した。

1919（大正8）年、精神病院法が制定され、精神病患者の医療に対する公的な責任の考えが表明され、貧困患者の救護がめざされた。監護の責任者も精神科病院長になった。しかし、監督官庁は警察署のままであった。

戦前、精神科病院は医療、治療を受ける医療機関というよりは収容所の性格を有し続けた。松沢病院の死亡率は敗戦の年は41％に達したが、平時でも25％にも及んだ。米価が上がると死亡者が増え、自費患者よりも公費患者で死亡率が高かった。

戦後1950（昭和25）年の精神衛生法は私宅監置から入院中心の医療へ体制を整備したもので、1950年代には向精神病薬が登場し、幻覚、不穏などの症状を改善させる治療の幅も広まったが、逆に薬漬けに結びつく危険性も高まった。精神科では他の診療科よりも入院ベッドあたり医療者は少なくてよく、また、地域よりも入院へ精神病患者を導く傾向に拍車がかけられ、世界的にも多い精神病床（郊外で単科病院）をもつ国となるなど問題点も

多かった。

　1964（昭和39）年にはライシャワー事件、1984（昭和59）年には宇都宮病院事件など精神障害に関連する事件が起き、戦後何度も精神衛生法などの法律改正が繰り返され、さまざまな施策が打ち出された。

　法律上は立派な対策が次々に提示されたが、その法律を意義あるものとする財源が伴わず、画餅となっているとの批判もある。

column　ライシャワー事件

　1964（昭和39）年3月、アメリカ駐日大使のライシャワーはある青年により刺された。その青年が精神疾患を患ったことがあったということで、池田勇人首相は精神衛生法の緊急一部改正を指示した。警察行政側から出された案は治安的管理を強化する改正案であり、反対運動が巻き起こった。その後、治安的管理を前面に出した改正案は葬られたが、1965（昭和40）年6月、精神衛生法の一部改正が行われた。通院医療費公費負担制度などが新設された。

　また、ライシャワーは刺された際に輸血を受け、肝炎に罹患した。それ以前から売血が問題となっていたが、この事件を受けて輸血用血液は献血で調達されるようになった。

column　宇都宮病院事件

　1983（昭和58）年、栃木県宇都宮市にある精神科病院報徳会宇都宮病院で職員らの暴行により患者が死亡する事件が起きた。1984（昭和59）年、事件が明るみになり、宇都宮病院の人権軽視の実態が世間を大きく騒がせた。

　無資格者による検査・治療、極端な医師・看護師不足、患者の使役、通信・面会の自由の剥奪など、精神病患者の人権を無視した宇都宮病院の療養環境は国際的にも問題となり、1987（昭和62）年の精神保健法成立のきっかけになった。

確認問題

問題1 わが国の医療の歴史について、次の選択肢のうち、誤っているものを1つ選べ。

[選択肢]

① 鎌倉時代には、本道(内科)、外科、産科、眼科の専門医が存在した。

② 1909(明治42)年の医師法の改正で広告が認められたのは、学位、称号、専門科名であった。

③ 1940(昭和15)年の医療制度改善方策で、専門標榜の国家検定制度が提起された。

④ ハンセン病患者に治療効果のあるプロミンがわが国で使用されるようになったのは、戦後のことである。

⑤ 1964(昭和39)年のライシャワー事件をきっかけに、精神保健法が成立した。

確認問題

解答 1 ⑤

解説 1

①◯:問題の通り(28ページ参照)。
②◯:問題の通り(40ページ参照)。
③◯:問題の通り(42ページ参照)。
④◯:問題の通り(50ページ参照)。
⑤×:1983(昭和58)年の宇都宮病院事件をきっかけに、1987(昭和62)年、精神保健法が成立した。

確認問題

問題2 次の選択肢のうち、誤っているものを1つ選べ。

[選択肢]

①戦後の日本の死因の第1位は結核であった。

②肺結核は、排菌していれば専門病院への入院が必要で届出も必要である。

③結核はかつて死病と恐れられていたが、今では死亡者数も減少し、ほとんど亡くなることはない。

④結核の症状には、咳、微熱、寝汗、全身倦怠感などがある。

⑤結核の治療には、かつては大気安静療法、人工気胸、胸郭成形術、肺切除などがあったが、抗結核剤の登場で根治可能となった。

確認問題

解答2 ③

解説2

50〜52ページ参照。

①○：太平洋戦争敗戦後しばらくは、結核が日本人の死因の第1位であった。

②○：肺結核は、今でも排菌していれば専門病院で治療され、届出も必要となる。

③×：現在でも結核による死亡者数は1,800人ほどおり、ゼロとはなっていない。

④○：いずれも、結核の症状としてよくみられるものである。

⑤○：当時は最高の医療技術と考えられていたものが後に種々の障害を残すことや、ある疾病の治療が他の疾患の治療に結び付く可能性がある。結核の治療の変遷は、医療技術の特徴をよく表している。

第4章
戦後の技術進歩と診療科

1 医療技術の進歩における3つのピーク
2 戦後に誕生した診療科

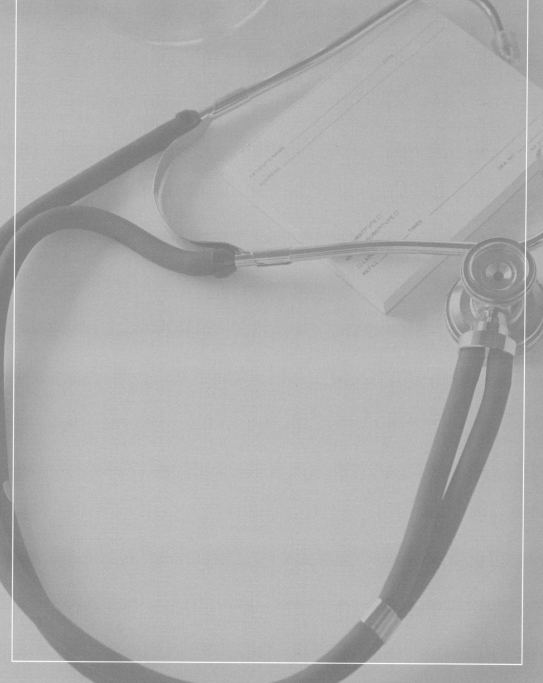

第4章　戦後の技術進歩と診療科

1 医療技術の進歩における3つのピーク

　戦後の医療技術の進歩には、大きく3つのピークがみられる。第一は第二次世界大戦中から戦後早期にかけて登場してきた抗生剤、抗結核剤などの新薬の登場と、気管内麻酔、輸血技術の進歩である。第二は1960年代後半から70年代に始まった、CT、MRI、エコー、血液自動分析器、人工臓器、ICUなど、コンピュータや自動化技術を全面導入した高度医療の進展である。第三は高度医療機器の開発がほぼ一巡した1980年代ごろから登場してきたバイオテクノロジーの技術で、この中には心臓移植、体外受精のようにすでに実用化されているものと、ゲノム解読、ゲノム蛋白の解析による創薬、iPS細胞を利用した再生医療のように開発途上のものが含まれる。

1　第一のピーク——抗生剤、抗結核剤など新薬の登場と麻酔・輸血技術の進歩

　抗生剤や抗結核剤の登場により、ワクチンの改良と相まって、人類が長く苦しめられてきた急性伝染病、結核、梅毒、肺炎、胃腸炎などの感染症の治療上の決め手をもつにいたった。気管内麻酔により、全身麻酔の深さをきめ細かく調節できるだけでなく、呼吸（特に低酸素血症の防止）や循環の管理も容易になった。また、抗凝固剤や血液保存の技術開発により、必要なときに十分な血液の供給ができる。枕元で供血者からとった血液をそのまま輸血するのとちがい、梅毒などの感染の危険もあらかじめチェックできる。かくして全身の臓器に安全にメスを入れることが可能になった。
　その結果、戦後の社会保障、公衆衛生の充実、生活水準の向上と相まって、「人生50年」と言われてきた平均寿命は著しく延びた。長く死因のトップを占めてきた結核をはじめ感染症は後退し、代わりに脳卒中、がん、心臓病が三大死因を占め（1958〈昭和33〉年以降）、精神障害、難病、多くの慢性疾患が医療の課題になり、疾病構造も変貌した。
　抗生剤・抗結核剤のような新薬、気管内麻酔・輸血に代表される技術を開花させた近代医学の誕生以来の医学・医療技術の進歩は、ステロイド、インスリン、降圧利尿剤、向精神薬などの新薬も生み出していった。向精神薬は精神病の症状を劇的に改善させ、診療に携わる医師に「精神病は治せる」といったことを実感させた。また、新たに直面する成人病（生活習慣病）をはじめとする種々の慢性疾患に対する基本的な薬剤を準備していった。

これらの慢性疾患は自覚症状に乏しく、それだけに頼っていては発見が遅れてしまう。そのため、臨床検査の発達が要請された。容量法や重量法を中心とした測定から、反応の色調を電気量に置き換えることが可能になり、一挙に検査がスピードアップした。20世紀に入り実用化されはじめた心電計も、真空管からトランジスタへ、写真記録から熱ペン方式、ノイズ防止への改良が図られ、小型で簡便に使えるようになり、日常診療での利用が容易になった。X線の発見（1896年）以来、診断への応用の早かったX線診断装置が、廻転陽極管にいたるX線管、高電圧発生装置、両面フィルム・複合増感紙など、写真用具に関する改良で飛躍的に進歩してきたのも、この時期である。

　寄る辺なき病人の収容の場として出発し、近代医学の時代には、近代看護の創始者ナイチンゲールが「病院が備えているべき第一の必要条件は病人に害を与えないことである」（1863年）と指摘した病院が、治療の場としての第一歩を踏み出したのは20世紀に入ったころだった。その後の医学・医療技術の蓄積が第二次大戦中から戦後にかけて一挙に花開き、治療の手応えをつかんだといえる。内科、外科をはじめ近代医学の誕生とともに分化してきた診療科も戦前とは一変した。

2　第二のピーク――高度医療の進展

　さらに感染症から成人病（生活習慣病）、老人病、精神病、難病と新たな課題を迎えると、医療技術は一般産業でのコンピュータ化・自動化の歩みと軌を一にして、その成果を全面導入する形で新たな展開を始めた。診断確定の有力な手段としての臨床検査は手動的に行

表4-1　標榜診療科の変遷

	標榜診療科の変遷
1948（昭和23）年 （医療法制定時）	内科、精神科、小児科、外科、整形外科、皮膚ひ尿器科（または皮膚科、ひ尿器科）、産婦人科（または産科、婦人科）、眼科、耳鼻いんこう科、理学診療科（または放射線科）、歯科
1950（昭和25）年（法改正）	神経科、呼吸器科、消化器科（または胃腸科）、循環器科、性病科、こう門科
1952（昭和27）年（法改正）	気管食道科
1965（昭和40）年（法改正）	脳神経外科、放射線科の独立
1975（昭和50）年（法改正）	神経内科、形成外科
1978（昭和53）年（法改正）	美容外科、呼吸器外科、心臓血管外科、小児外科、矯正歯科、小児歯科
1992（平成4）年	医療法改正により、診療科名（標榜診療科名）については、政令（医療法施行令）で定めることとされる
1996（平成8）年追加 （政令（医療法施行令）改正）	アレルギー科、心療内科、リウマチ科、リハビリテーション科（「理学療法科」の廃止）、歯科口腔外科

※麻酔科は1960（昭和35）年、特殊標榜科目（当時の厚生大臣の許可を得た診療科名）として認可された。

第4章 戦後の技術進歩と診療科

表4-2 医療施設に従事する医師・歯科医師数の診療科名（複数回答）別年次推移

	総数	内科	心療内科	呼吸器内科※1	消化器内科(胃腸内科)※2	循環器内科※3	アレルギー科	リウマチ科	小児科	精神科	神経科	神経内科	外科	整形外科	形成外科	美容外科	脳神経外科	呼吸器外科	心臓血管外科	小児外科	産婦人科	産科
昭和30 ('55)	86 244	44 664	·	8 581	4 596	3 631	·	·	26 675	2 231		·	19 204	4 461	·	·	·	·	·	·	12 710	
35 ('60)	96 038	50 443	·	8 461	6 038	4 731	·	·	29 521	2 548	2 949	·	22 643	6 462	·	·	·	·	·	·	13 931	
40 ('65)	102 015	53 775	·	8 053	8 484	5 745	·	·	31 347	3 255	3 885	·	23 368	7 939	·	·	535	·	·	·	14 088	
45 ('70)	113 214	57 654	·	7 928	11 900	6 991	·	·	32 041	4 058	4 655	·	24 416	10 100	·	·	1 430	·	·	·	13 841	
50 ('75)	125 970	61 965	·	7 770	14 167	8 068	·	·	32 747	4 622	4 679	1 101	25 376	11 327	367	·	1 990	·	·	·	11 963	1 189
51 ('76)	128 448	62 353	·	7 520	14 311	8 167	·	·	32 421	4 842	4 661	1 183	25 409	11 543	431	·	2 151	·	·	·	11 901	1 262
52 ('77)	131 628	63 097	·	7 643	14 808	8 579	·	·	32 509	5 102	4 699	1 302	25 846	11 951	478	·	2 304	·	·	·	11 964	1 201
53 ('78)	136 164	65 672	·	7 824	15 828	9 183	·	·	33 247	5 216	4 939	1 413	26 341	12 638	569	97	2 482	422	556	696	11 741	1 444
54 ('79)	143 125	67 263	·	7 765	16 067	9 457	·	·	33 237	5 597	5 208	1 554	26 861	13 084	601	110	2 742	516	723	874	11 772	1 554
55 ('80)	148 815	69 038	·	7 862	16 901	10 033	·	·	33 286	5 896	5 335	1 630	27 626	13 753	658	122	2 944	607	856	897	11 830	1 524
56 ('81)	155 422	72 176	·	8 674	18 446	11 141	·	·	35 455	6 248	5 502	1 887	28 747	14 591	719	135	3 231	751	1 087	1 048	12 025	1 392
57 ('82)	160 379	73 527	·	8 375	18 382	11 094	·	·	34 742	6 531	5 548	2 026	29 347	15 057	787	144	3 431	804	1 157	1 100	11 892	1 333
59 ('84)	173 452	77 340	·	8 789	19 588	12 238	·	·	35 026	7 319	5 950	2 490	30 688	16 394	963	161	3 991	851	1 352	1 132	12 181	1 228
61 ('86)	183 129	81 054	·	8 738	20 229	12 715	·	·	34 614	7 958	6 216	2 795	33 284	17 429	1 091	184	4 508	874	1 461	1 054	11 978	1 272
63 ('88)	193 682	83 565	·	9 089	21 537	13 839	·	·	34 692	8 725	6 640	3 286	32 777	18 642	1 257	190	4 830	1 027	1 701	1 109	11 963	1 190
平成2年 ('90)	203 797	87 012	·	9 594	23 282	14 903	·	·	34 603	9 347	6 719	3 675	33 497	19 576	1 586	264	5 269	1 023	1 802	1 077	11 746	1 174
4 ('92)	211 498	88 552	·	9 536	24 240	15 574	·	·	33 832	9 873	6 715	4 108	34 100	20 685	1 633	271	5 564	1 117	1 962	1 108	11 351	1 228
6 ('94)	220 853	91 756	·	10 147	26 099	16 858	·	·	33 506	10 594	6 442	4 560	34 426	21 661	1 859	325	6 000	1 284	2 310	1 000	11 707	633
8 ('96)	230 297	95 297	1 443	10 683	28 137	18 118	1 926	2 794	34 745	11 228	6 987	4 845	35 242	22 833	2 104	366	6 311	1 371	2 440	1 070	11 509	726
10 ('98)	236 933	96 513	2 039	11 038	29 348	19 242	3 042	3 675	34 064	11 843	6 916	5 121	35 202	23 536	2 328	400	6 523	1 437	2 638	1 109	11 478	645
12 (2000)	243 201	98 457	2 663	11 683	30 842	20 455	3 947	4 320	33 580	12 363	6 962	5 581	35 309	24 202	2 582	487	6 767	1 491	2 819	1 095	11 177	767
14 ('02)	249 574	99 196	3 162	12 059	31 352	21 349	4 688	4 732	32 706	13 172	6 734	5 726	34 810	24 661	2 856	610	6 978	1 629	2 937	1 197	11 041	727
16 ('04)	256 668	98 232	3 821	12 500	31 848	21 813	5 303	5 063	32 151	13 609	6 827	6 075	34 055	24 595	2 961	715	6 996	1 563	3 013	1 146	10 555	727
18 ('06)	263 540	95 379	4 296	12 605	31 898	22 299	5 981	5 341	31 009	13 971	6 537	6 054	32 448	24 413	3 188	838	6 943	1 642	2 967	1 135	9 919	832
20 ('08)	271 897	86 992	5 158	12 547	28 712	21 755	6 224	5 611	30 009	14 977	·	6 646	28 717	24 085	3 331	871	6 931	1 986	3 372	1 094	10 310	699
22 ('10)	280 431	88 155	5 600	13 185	29 642	22 442	6 826	6 136	30 344	15 599	·	6 956	28 918	24 679	3 319	923	7 385	2 058	3 230	1 160	10 462	699
24 ('12)	288 850	87 773	5 707	13 158	29 928	22 700	6 851	6 244	29 855	16 136	·	7 055	28 165	24 917	3 434	986	7 652	2 166	3 321	1 143	10 655	784
26 ('14)	296 845	89 234	6 079	13 499	30 738	23 319	7 289	6 587	29 878	16 780	·	7 493	27 738	25 256	3 512	1 039	7 819	2 224	3 466	1 212	10 785	727
28 ('16)	304 759	87 761	5 617	13 405	29 478	22 674	6 454	6 186	27 761	17 077	·	7 617	25 673	25 106	3 577	1 020	8 027	2 367	3 590	1 219	11 042	727

注：診療科別医師数の年次推移については、標榜診療科名の改正の影響等により、単純な比較が難しい場合がある。
　　2つ以上の診療科に従事している場合、各々の科に重複計上している。
　1）平成18年から「病理」「救命救急」を追加し、平成20年から標榜診療科名の改正により「病理診断科」「救急科」として把握している。
　2）医科では、平成18年から「研修医」を追加し、平成20年から「臨床研修医」として把握している。歯科では、平成18年は「研修歯科医」として把握している。

医療技術の進歩における3つのピーク

各年12月31日現在

婦人科	眼科	耳鼻いんこう科	気管食道外科※4	皮膚科	泌尿器科	性病科	肛門外科※5	リハビリテーション科(理学診療科)	放射線科	麻酔科	病理診断科1)	救急科1)	臨床研修医2)	全科	その他	不詳	総数	歯科	矯正歯科	小児歯科	歯科口腔外科	臨床研修歯科医	不詳
･	5 373	5 964	1 033	7 350	･	4 296	2 260	6 461	･	･	･	･	･	5 939	･	325	29 422	･	･	･	･	･	･
･	5 810	6 759	1 364	9 178	･	3 496	2 717	8 283	･	･	･	･	･	4 761	･	193	31 797	･	･	･	･	･	･
･	5 938	6 779	1 440	10 556	･	3 083	2 907	2 424	9 597	703	･	･	･	2 792	･	262	34 127	･	･	･	･	･	･
･	5 994	6 730	1 589	11 484	･	2 530	3 130	2 732	10 769	1 402	･	･	･	2 564	･	681	36 468	･	･	･	･	･	･
1 983	6 228	6 830	1 461	10 853	5 726	2 051	3 034	2 956	10 601	2 063	･	･	･	2 053	･	743	41 951	･	･	･	･	･	･
2 090	6 248	6 717	1 503	10 857	5 788	1 924	3 014	3 176	10 604	2 298	･	･	･	1 979	･	757	42 704	･	･	･	･	･	･
2 030	6 362	6 789	1 509	11 018	5 828	1 895	3 040	3 354	10 677	2 473	･	･	･	1 753	791	152	43 906	･	･	･	･	･	･
2 354	6 603	6 884	1 533	11 570	6 113	1 901	3 238	3 777	10 962	2 729	･	･	･	1 885	480	158	46 902	45 741	2 051	2 022	･	･	･
2 481	6 838	7 037	1 498	11 572	6 152	1 804	3 224	4 084	11 228	3 028	･	･	･	1 633	949	212	48 899	47 887	2 181	2 313	･	･	･
2 522	7 045	7 166	1 493	11 775	6 361	1 684	3 292	4 589	11 309	3 277	･	･	･	1 633	1 014	321	51 597	50 410	2 682	2 937	･	･	･
2 414	7 385	7 476	1 584	12 474	6 797	1 744	3 550	5 485	11 890	3 705	･	･	･	1 358	1 064	494	54 954	53 687	3 206	3 685	･	･	･
2 338	7 446	7 531	1 623	12 264	6 827	1 611	3 576	5 677	11 707	3 893	･	･	･	1 413	1 237	210	56 327	54 910	3 341	3 816	･	･	･
2 307	8 040	7 871	1 557	12 560	7 130	1 566	3 598	6 624	11 775	4 450	･	･	･	1 252	1 482	95	61 283	59 651	4 422	5 806	･	･	･
2 409	8 408	8 120	1 561	12 656	7 325	1 405	3 739	7 194	11 754	4 883	･	･	･	1 202	1 748	180	64 904	63 080	5 577	7 790	･	･	･
2 419	8 894	8 347	1 508	12 891	7 572	1 236	3 919	8 533	12 000	5 358	･	･	･	1 125	1 762	435	68 692	66 718	6 800	10 092	･	･	･
2 539	9 485	8 576	1 533	13 205	7 776	1 138	4 098	9 801	12 283	5 949	･	･	･	1 061	2 035	376	72 087	69 977	8 522	13 711	･	･	･
2 618	9 886	8 746	1 409	13 444	7 904	997	4 213	10 744	11 791	6 374	･	･	･	1 197	1 638	356	75 628	73 326	9 857	15 631	･	･	･
2 161	10 565	8 974	1 635	13 525	7 865	856	4 263	11 865	11 232	6 902	･	･	･	722	4 039	218	79 091	76 551	12 395	21 136	･	･	･
2 332	11 345	9 297	1 648	14 324	8 181	803	4 619	11 986	11 295	7 538	･	･	･	610	4 253	255	83 403	78 456	14 948	26 272	10 847	･	･
2 302	11 751	9 432	1 618	14 417	8 387	735	4 727	13 758	11 104	8 139	･	･	･	522	4 708	256	85 669	80 150	15 569	27 832	12 118	･	･
2 551	12 415	9 615	1 578	14 827	8 460	702	4 854	15 356	10 831	8 427	･	･	･	744	5 070	199	88 410	82 442	17 018	31 290	14 916	･	64
2 522	12 797	9 682	1 614	14 929	8 710	683	4 859	16 456	10 556	8 819	･	･	･	961	5 252	569	90 499	84 286	18 623	34 941	18 031	･	79
2 633	12 778	9 499	1 541	14 866	8 562	620	4 940	16 883	10 135	8 981	･	･	･	3 883	7 703	264	92 696	86 352	19 515	37 325	19 770	･	89
2 719	12 671	9 290	1 427	14 716	8 536	586	4 849	17 202	9 737	8 679	1 364	2 175	14 556	301	4 054	222	94 593	86 062	20 279	39 528	21 857	2 661	105
2 339	12 960	9 286	1 077	14 546	8 308	･	4 510	16 520	9 310	9 344	1 454	2 490	14 660	256	3 886	570	96 674	88 135	21 066	41 462	24 372	2 252	117
2 456	13 034	9 315	1 078	14 892	8 329	･	4 689	16 604	9 585	10 048	1 615	3 070	14 646	249	5 072	394	98 723	89 893	21 061	41 202	24 863	2 448	97
2 552	13 030	9 343	965	14 623	8 487	･	4 473	16 718	9 373	10 238	1 706	3 382	15 018	284	5 284	･	99 659	90 412	21 589	42 496	26 366	2 271	84
2 569	13 147	9 446	977	14 644	8 490	･	4 501	17 119	9 503	10 819	1 867	3 801	15 340	179	6 151	425	100 965	92 074	22 404	44 190	28 297	1 910	114
2 376	13 357	9 536	931	14 142	8 490	･	4 352	14 815	9 263	10 998	1 991	4 172	16 701	252	5 588	1088	101 551	92 124	20 393	39 586	27 570	1 882	605

(「医師・歯科医師・薬剤師調査」〈2016[平成28]年〉)

編集注：
※1　2006年までは「呼吸器科」
※2　2006年までは「消化器科(胃腸科)」
※3　2006年までは「循環器科」
※4　2006年までは「気管食道科」
※5　2006年までは「こう門科」

われてきたが、国民皆保険（1961〈昭和36〉年）による潜在需要の顕在化に伴い検体が急増した。従来の検査技師の手による人海作戦では対応も難しく、検査結果の遅延・検体制限・精度低下が目立ってきた。その隘路を折からの一般産業の自動化・コンピュータ化の技術を導入して切り開いたのが、検査の自動化である。1分間に1件の血糖自動測定に感激していたのが、たちまちのうちに一度に30種目、1時間に150検体を処理できる高速機も出現した。宅配便・新幹線によって工場さながらの検査センターに集められた検体は、夜間のうちに処理される。このようなセンターが全国に2～3カ所あれば、本来の検査需要ならば十分対応できるといわれる。

検査の自動化は、省力化のみならず血中成分の微量分析も可能にし、ホルモン・抗体・ビタミン・服用薬剤の血中濃度も容易に測定されるようになり、詳細な病態が把握できるようになった。戦前からの唯一の画像検査だったX線診断は、X線の透過性の差をフィルム上に投影したもので、描出できる病変の限界を補うため、消化管や血管、心臓内、髄腔など体内の管腔部分にカテーテルを挿入、造影剤を注入する各種造影法が工夫されてきた。TVレントゲンの出現は撮影を容易にし、術者の被曝軽減に役立った。また、連続撮影により動態をつかまえやすくなった。さらに、内視鏡ファイバーは直接内腔部分を観察でき、組織も採ってこられる。CT、MRI、エコーなどの検査機器の登場により体内の断層面での情報も容易に得られ、しかも血管造影や脊髄造影の苦痛も軽減された。生体情報が質量ともに豊富になるだけでなく、血圧や心拍などを持続的に監視することも可能である。

呼吸や循環の持続的なモニタリングをもとに薬剤、補液を進め、必要なら人工呼吸器につなぐ除細動器、ペースメーカーの挿入などで蘇生、生命維持が図られる。水分や電解質の補給だけでなく、中心静脈からの高カロリー輸液で長期に栄養も保てる。

このような救命・延命の下支えのうえに、ハイリスク群（高齢者、新生児、合併症）への機動的な治療がなされる。マイクロサージェリー（顕微鏡的手術）は視野の限られる脳外科、眼科、耳鼻科、泌尿器科のような微細手術を容易にし、手術ロボットの誕生もみている。レーザー治療、放射線治療、血液透析のような人工臓器など治療のレパートリーも増え、単独では治療の決め手に乏しい、がんのような慢性疾患に治療法を組み合わせること（集学的）で、効果を高めているのが高度医療にほかならない。

人工関節、人工水晶体など、高度医療はハイリスクへの挑戦だけでなく、高齢者の日常生活動作（ADL）を拡大することで、生活の質を高める役割ももっている。また低侵襲で、手間の煩雑さを軽減し、従来なら入院を要した治療の日帰り（外来または短期の入院）手術も可能にしている（白内障手術など）。

このように豊富な生体情報の入手と多様な治療手段を駆使して、高度医療はこれまでなら躊躇された高齢者、新生児、合併症をもつハイリスク患者の手術や治療に積極的に関わることを可能にしてきた。患者のもつ予備力の極限を使っての挑戦を可能にし、事実、成果も上げてきている。その結果、かつては自宅で生と死を迎える人が圧倒的多数を占めた

が、今ではその場は病院に移った（1950〈昭和25〉年：施設内での出生4.6％、死亡11.1％に対し、1990〈平成2〉年：施設内での出生99.9％、死亡75.1％。厚生労働省「人口動態統計」より）。反面、予備力の評価が難しいこともあって、患者に社会的生活の制限や合併症の苦痛を与えたり、寝たきり状態をもたらし、「尊厳死」の議論も引き起こしている。高齢社会の到来とも重なり、高度医療進展の時代は、「家で死にたい」という患者の強い願いに応えるための在宅医療（ケア）の幕開けの時期でもあったともいえよう。

3　第三のピーク──バイオテクノロジーへの期待

　高度医療の基盤となったコンピュータ、自動化技術の基礎となった現代物理学の進歩は、分子生物学の誕生、進展をもたらした。高度医療機器の開発がほぼ一巡した感のある1980年代後半から、高度医療の成果が台頭しはじめ、救命、延命が行われてきた。しかし一方で、多くの慢性疾患の治療については決め手に欠けていた。そこで期待が寄せられているのが、バイオテクノロジーである。

　すでに1970年代には、大腸菌を用いた遺伝子組み換え技術により、インスリン（糖尿病）、インターフェロン製剤（肝炎）、B型肝炎ワクチンの精製、量産が可能になっている。免疫抑制剤の開発は臓器移植の大幅な成績向上をもたらし、体外受精や遺伝子操作の治療の一部も可能となった。

　さらにヒトゲノムの解読（2003〈平成15〉年）の成功は、ゲノム蛋白質の解析により、ゲノムレベルでの病態の解明を可能とした。薬剤開発の方法もこれまでとは一変し、戦略的に接近することができる。薬剤の効果、副作用の個人差（体質）などの本態が明らかになることで、今後はテーラー・メイドの創薬も容易になろう。

　ノーベル医学生理学賞を受賞したiPS細胞（induced Pliriopotent Stemcell；人工多能性幹細胞）は、一度分化した体細胞を未分化の状態に戻すことに成功した。これにより、脳死レベルで他人の臓器を摘出しなければならない臓器移植の難点が回避される。またそれ以上に、iPS細胞を利用することで種々の病態の解明を実験的に進めることができ、新たな治療法の研究・開発が期待できる点が大きな注目を集めている。

　このような新たな局面を開いたバイオテクノロジーの開発であるが、一方で、体外受精における代理出産などにみられる家族関係の変化、遺伝子操作による障害者の排除など、人間社会のあり方を問う問題にもつながっている。技術を悪用することから生じる医の倫理問題とはまた違った、技術を施行すること自体に内包される生命倫理の問題が生じているのである。この点をあいまいにしたまま専門家の判断のみでバイオテクノロジーを進めることはできず、社会的な論議を欠かせない点が、ベイオテクノロジーの進歩の特徴ともいえる。

＊

第4章 戦後の技術進歩と診療科

　このような戦後の医療技術の進歩を受けて、既存の診療科はその内容を豊かにすると同時に、戦前にはみられなかった分化も遂げている。**表4-1**は標榜診療科が示され、その従事者医師数の推移が**表4-2**にあげられている。次節では、新たに標榜科目として登場してきた診療科に焦点を当て、確立する技術的基礎、カバーしている内容の変遷等をみていく。

2 戦後に誕生した診療科

1 麻酔科──特殊標榜科として登場

　外科学誕生でみたように、その三大基盤の1つ、麻酔技術は戦前すでにわが国にも導入されていた。モートンのエーテル公開実験（1846年）、シンプソンのクロロホルムによる全身麻酔（1847年）の成功は、幕末から明治維新で近代化を図ったわが国にも伝わり、その技術が導入された。杉田成郷がエーテルを用い、火傷後の手指癒着、乳がん手術を実施している（1855年）。クロロホルムもポンペにより紹介され（1857年）、伊藤玄朴が脱疽患者に最初に使用した。抜歯に笑気麻酔も用いられている（1896〈明治29〉年）。

　明治期後半には、コカインを主とした局所麻酔や腰椎麻酔も登場した（1897〈明治30〉年ごろ）。クロロホルムの毒性、全身麻酔とアシドーシス、脳脊髄圧など生体に及ぼす影響に関心が向けられると同時に、腰痛麻酔の改良、プロカインの出現などにより、大正年間にも支配的だったクロロホルム、エーテルの全身麻酔より腰椎麻酔、局所麻酔に比重が移っていった。また、直腸麻酔（アベルチン、1929〈昭和4〉～30〈昭和5〉年ごろ）、静脈麻酔（エビパン、1934〈昭和9〉年）も登場した。

　だが、「死の病」として恐れられていた肺結核に対処するためメスを四肢、腹部から胸腔に入れるには、これまでの全身麻酔では難しく、ドイツ、アメリカなどで気管内を過圧する麻酔器が開発された。わが国でも平圧開胸論争が学会で繰り広げられたものの（1926〈大正15・昭和元〉年）、当時の麻酔器の不備なこともあり、上述の方式を組み合わせてしのぐことにとどまり、それ以上の進展をみずに終わってしまった。

　敗戦後、気管内麻酔の開発、全身麻酔の基礎と臨床の本格的研究を進めてきたアメリカ医学との落差の衝撃は大きかった。日米連合医学教育者協議会の講演（1950〈昭和25〉年）を直接の契機に、第51回日本外科学会総会で前田和三郎は「麻酔学の教育及び研究は緊急事である」という会長演説を行った（1951〈昭和26〉年）。林周一、綿貫詰は文献を頼りに国産麻酔器を開発した（1950年）。また、麻酔学教室が東京大学（1952〈昭和27〉年）、東北大学（1953〈昭和28〉年）、慶應義塾大学（1955〈昭和30〉年）に設けられ、日本麻酔学会も誕生している（1954〈昭和29〉年）。さらに、国立東京療養所においてハイドブリンク型麻酔器の使用に関する講習会が開かれ（1952年）、150台が導入された。わが国の肺結核治療の前線でのこのような対応は、気管内麻酔の普及を行政レベルでも重視した証左とい

えよう。

　気管内にチューブを挿入、気道を確保し、麻酔器を介して麻酔ガスと酸素を吸入、呼気の炭酸ガスを吸収し循環させることで、麻酔の深さが調節できる。同時に、呼吸及びその酸素量に影響を受ける循環の安定を図れ、さらに気管内誤嚥も防げる。気管内麻酔の確立により、深麻酔や調節呼吸の必要な開胸手術が容易になったことに加え、術中・術後の全身管理が図れ、全身麻酔の精度、手術の安全性の飛躍的な向上をみた。麻酔ガスもエーテルの代わりにフローセンが登場し(1960〈昭和35〉年)、フッ素化合物が吸入麻酔の中心を占めるようになった。

　さらに麻酔がもっている役割、手術に伴う疼痛の除去により、ペインクリニック、緩和ケアへと麻酔科の業務は拡大している。もう1つの役割である全身管理により、外科医は手術そのものに専念でき、麻酔科医は周術期(術前・術中・術後)の全身管理の助言をする機能を果たしている。この延長として、麻酔科は救急医療、ICU、吸入療法などとも関係を有することになる。

　このような麻酔の役割を医療関係者はもちろん、患者レベルにも理解を得るため、標榜科としての新設が日本麻酔学会から要望された。しかし、その要望は広告との関係で患者が受診する際に判断するためのものだから、医師同士が分かっていればいいのではないかと、厚生省(当時、以下同)の理解を得られなかった。だが、麻酔が生命に直接関係してくることもあって、その担い手をどのように養成するかという問題も含め、最終的に医療法第70条第3項を適用する形で、厚生大臣が特に指定した標榜科として誕生した(1960年)。

　これは、通常の医療法第70条第1項による医療法改正の手続きに時間を要するためとされるが、逆に、標榜そのものが厚生省の基準に従うことになった。しかも、標榜を許可すべき医師の資格基準の1つに、「免許を得た後、麻酔に関する適当な指導者のいる病院で、当該指導者のもとに2年以上専ら麻酔の業務に関する修練を得たもの」とあり、指導医の認定制度が日本麻酔学会で制定され(1962〈昭和37〉年)、専門医制の実質的な先駆けをなした。半面、標榜は名称独占ともいえる。しかし、標榜さえしなければ、医師免許があれば麻酔をかけることは許されている。外科医が麻酔をすると違法とされるアメリカと異なる。

　問題は、出発当初から指摘されてきた麻酔医の不足が、今なお解決していないことであろう。1970年代以降、麻酔標榜医、指導医、学会員数は増加してきている。しかし、手術も量的・質的に増大している。急性期病院の診療報酬の包括化や、相対的に手術などの技術料評価が上がってくる中で、救命への試みと企業努力があいまって手術数が増大する。しかも、高齢化や高度医療の進歩でハイリスク症例が増え、重症度も増してきている(高齢者、未熟児、合併症の多い患者)。全身状態が悪くて鎮静を図りにくいため、局所麻酔では難しく、麻酔医のかかわる状況が増えざるをえない。

　また、業務量とマンパワーの不均衡で緊張を強いられるうえに、①術後の時間的拘束、

②一般病院での一人医長のオーバーワーク、③パート麻酔医や外科系医師、研修医などの応援を得ての「しのぎ麻酔」、④複数の手術による麻酔の並行処理で安全性の確保が困難——などの悪条件が重なり、多くの麻酔標榜医が他科へ転科するなど、麻酔業務に就いていない現状をどうするのか。そのことが悪条件の中でも病院に残り、業務に励む医師に負担がのしかかる悪循環を繰り返している。公益財団法人日本医療機能評価機構の認定基準では、全身麻酔を実施する医療機関では専任麻酔医の存在が評価対象になっているが、このような状況を改善しないかぎり、専任麻酔医の確保も困難であろう。

一方、日本麻酔学会も業務改善による効率的な方式を模索し、提言している（①手術室の合理的活用、②医療の標準化と標準的手術時間の検討、③麻酔科外来の設置、④手術前診察の系統化と事前検査）。これらを実施するためにも、学会などで行われている調査、麻酔業務量（術前回診・術前症例検討・麻酔の準備・麻酔の実施・術後回診、集中医療、ICU、ペインクリニック、緩和医療、研修医の教育）の測定、それに見合ったマンパワーの算定（常勤・非常勤）を実現することが必要であろう。この面からの手術料の評価と並んで麻酔技術の評価も検討が欠かせない。

このような矛盾を解消する方策の1つとして、麻酔科発足当初、アメリカの例にならって複数の麻酔科医でグループをつくり、医療機関と契約を結んで派遣するグループ診療の方式が、麻酔医・浅井健から提案された。この外部化の方式も、安全性の確保を図りつつ、検討することが必要であろう。

麻酔科固有の条件があるとしても、戦後の医療技術革新の華々しい成果であり、その後の高度医療や専門医制の先駆的形態を模索してきた麻酔科が、マンパワーの側面から困難に直面している。しかも、学会が提言している手術室の合理的運用にしても、外科医が外来診療に忙殺され、午後からしか手術に入れないとしたら見通しは暗い。その意味では、深刻な外科系医師の人手不足といった構造的な危機をどうするかを考えないかぎり、麻酔科の問題にも手は打てないのではないか。ここに診療科の側からみた日本医療の構造的危機がある。人手不足解消に地道に取り組まないかぎり最終的に矛盾を深めることを、麻酔科問題が典型的に示しているといえよう。

また、歯科領域でも、1977（昭和52）年に日本歯科麻酔学会認定医制度が、2005（平成17）年には歯科麻酔専門医制度が発足している（これに伴い、1994〈平成6〉年に始まった麻酔指導医制度は廃止）。

2 呼吸器外科、心臓血管外科、気管食道科、脳神経外科——高度医療の進展とともに本格的に確立

抗生剤の登場に加え、気管内麻酔法、輸血技術の進歩が、創傷外科→消化器外科などの一般外科を前進させたのはすでにみてきたが、なかでも気管内麻酔技術の進歩により登場

してきたのが、胸部外科と称された呼吸器外科(1978〈昭和53〉年)、心臓血管外科(1978年)と気管食道科(1952〈昭和27〉年)及び脳神経外科(1965〈昭和40〉年)である。高度医療の進展の中で、これらの診療科は本格的に確立され、日常的に安定した技術になってきたといえよう。

(1)呼吸器外科

「死の病」と恐れられてきた肺結核に対し、有効な薬もない中で、その外科的接近も図られてきた。しかし、あくまでそれは人工気胸、胸郭成形など結核病巣を肺外部から圧迫、空洞内の結核菌の活動を封じ込めようというものにほかならなかった。「結核病巣を開くことは死の門をたたく」無謀なこととされ、肺切除には踏み切れなかった。感染による肺化膿症をつくりかねない危険と、胸腔を開き、手術の間の呼吸機能をいかに安定させるかが大きな障害となっていた。ドイツでの肺結核への外科的な接近が、陽圧に保つ機構を備えた麻酔器の開発とともに進み、戦前、わが国でも開胸をめぐり平圧論争が戦わされたのも、このことを示すものであろう。その意味で、気管内麻酔は肺結核手術との苦闘の中で生まれたといってよい。前述の日米連合医学教育者協議会の麻酔科講習会が胸部外科に重点をおいて構成され、1954(昭和29)年に結成された日本麻酔学会が当初、日本胸部外科学会と同じ場所・日程で開催されてきたのも、これらの側面を示しているといえよう。

抗結核剤の登場と輸血技術の進歩により、感染や出血の多いことを恐れることなく、ようやく肺切除が施行されるようになったが、60年代前半までには、抗結核剤の普及とともに、手術療法は内服療法の補助的役割に代わっていった。また、ペニシリンのような一般感染症に対する抗生剤の普及により、肺炎→肺化膿症も減少の一途をたどり、1971(昭和46)年を転機に、肺結核や肺化膿症の手術数と肺がんのそれとが逆転した。その際、肺結核のX線診断の蓄積は肺がん手術の解剖的基礎になった。

日本外科学会総会での肺結核座談会がきっかけとなり(1948〈昭和23〉年)、肺外科研究会→胸部外科研究会→日本胸部外科学会の創立にいたり、呼吸器外科と同様、揺籃期を迎えていた心臓血管外科、気管食道外科、縦隔手術など、胸部外科は多彩な展開を遂げてきた。しかし、胸部に存在する臓器ではあっても、診断・治療の接近方法が必ずしも共通しないものも混在し、標榜科を胸部外科としてひとまとめにするには無理があり、それぞれの診療科に分かれている。

検査法としては、それまでの胸部X線診断、断層撮影、喀痰検査(細菌・真菌、細胞診)に加え、CTが新たに登場し、気管支ファイバーの開発と並んで形態学的な精密検査で重要な役割を果している。麻酔での経験から低酸素血症の全身臓器への影響の大きさが分かってきたこともあり、呼吸機能検査、血液ガス分析は呼吸機能、生理面での指標となっている。

これらの技術の進歩により、肺手術そのものの成績が上がってきて、肺がんについても

1965(昭和40)年ぐらいまでは、切除率の向上が治療成績につながると切除を進めてきた。しかしその後、反省期を迎え、組織型、心肺機能などから手術、化学療法、放射線治療の組み合わせによる治療の検討が図られている。また、肺がんは進展が早く、発見時に進行している例が少なくない。近年は早期発見が求められ、肺がん集団検診が課題になっている。

(2)心臓血管外科

近代外科学の泰斗であり、精力的にいろいろな分野の手術を開発してきた、デオドール・ビルロート(Billroth)も、「心臓は外科医の侵さざるべき聖域である」と戒めていた。気管内麻酔の成功に支えられ、戦後、外科医は果敢に挑戦を始めた。その第一歩は動脈管開存の結紮手術だったが(Gross-Hubbard、1938年)、これは心臓外からの接近で済んだ。次に登場したのは左心耳の一部を開き、指とメスを盲目的に差し込む僧帽弁の交連切開(Bailey、1948〈昭和23〉年)である。開心術を行い直視下で心臓に操作を加えるのに、2つの方法がとられた。1つは、低体温法での心房中隔欠損の手術が行われた(Lewis-Taufic、1952年)。温度を25度まで下げると、酸素消費が減り、20分くらい酸素の供給が絶たれていても回復できる。しかし、これには手術時間の制約があり、低温による心室細動も起きてくる。もう1つの方法として、静脈血に酸素を送り込み全身に還流させる人工心肺装置の開発も進められ、翌年、ギボン(Gibbon)はこれを用いて心房中隔手術に成功した。かくして直視下での心臓手術が始まる。これが軌道に乗るまでには悪戦苦闘を続けることになるが、すべてが生命に直結するだけに、シビアな条件が課せられ、逆にさまざまな成果を生み出すことにもつながった。

人工心肺装置を動かし全身の循環を図るには、桁外れの大量の血液が欠かせない。血液銀行での保存血の確保に、社会的な献血の訴えを行い、献血制度推進に心臓血管外科は大きな役割を果たした。使用する血液の節約と並んで代用血漿の開発も、心臓血管外科の成果といえよう。

手術の対象も複雑な奇形から、さらには乳幼児、新生児と低年齢への挑戦が続けられた。疾病構造の変貌に対応し、冠動脈疾患への接近が直面する課題となっている。いずれにせよ手術に踏み切るかどうかだけでなく、正確な診断が要求される。

当時の既存の技術としては、心臓の大きさをみるには胸部写真や心電図程度しかなかった。手術対象となる心臓弁膜症では、心雑音が診断の重要な基礎になる。その聴診機能を技術化したのが心音計である。しかし、これだけでは無理があり、血行動態を把握するのに心臓カテーテル検査及び選択的血管造影が欠かせない。心筋症の診断や心臓移植後の拒絶反応の有無の判断にも心臓カテーテルによる生検像が用いられる。その中で非観血的検査としては、心エコーが弁の動き、心室の動き、血流などを侵襲なくとらえるので、心機能の重要な手がかりを提供する。心拍動による動きがあるだけに、CTやMRIは他分野ほ

ど情報源になりにくい。

さらに全身にメスが入ると、特に心臓が絡む場合には予想外のアクシデントが生じ、それに対応する中で蘇生技術の蓄積も図られていった。①血圧や呼吸、②脈拍などバイタルサインのモニタリング装置、③停止した心臓のマッサージ（1901〈明治34〉年）、④人工呼吸、⑤除細動（カウンターショック）、⑥ペースメーカーの挿入・植え込み、さらには⑦ショック治療、⑧昇圧剤など薬剤の配備、⑨看護人員の重点配置――などICU（集中治療室）に代表される蘇生術のシステム化も図られ、すべての領域の救急救命システムの確立につながった。冠動脈疾患、脳外科、新生児と領域によりその特殊性を加味されるが、その基本はICUにほかならない。それはハイリスク群の手術の基盤にもなっている。

さらに、弁膜症、血管外科に対処するには人工弁、人工血管が必要になる。高分子化合物で生体反応の少ない素材が選択された。そして人工臓器の実質的な実用化の第1号が人工心肺にほかならなかった。その後の腎不全での血液透析につながる人工臓器開発の先鞭をつけたともいえる。心臓血管外科の確立の過程は、生命維持の技術確立に寄与している。心電図、心音図など人工内臓研究会（1957〈昭和32〉年）、医用電子生体工学（ME；Medical Engineering、Medical Electronics）の推進の源泉とも、その結果とも密接な関連をもちながら歩んできた診療科といえる。

(3) 脳神経外科

心臓よりさらに難関の大きい領域だと思われていた脳神経外科も、1927（昭和2）年にはクッシング（H.Cushing）により着実な歩みを始めた。大脳腫瘍の摘出術では、電気凝固装置と電気メスで根気よく止血しながら手術を進めた。脳の組織も血管が多いだけに、輸血技術の進歩と丹念な止血の操作が欠かせない。従来の手術がそのためにスピードに走ったのに対し、クッシングは技術の進歩を踏まえ確実さを追求した。わが国の脳外科のパイオニア、中田瑞穂はクッシングに学び、その精神を普及させた。

しかし、病変の所在の正確な判断が欠かせず、脳血管造影や脊髄造影が不可欠の手段として行われてきた。その苦痛と侵襲は大きかったが、ハウンスフィールド（Hounsfield）とアンブローズ（Ambrose）のCTの開発（1972〈昭和47〉年）、その後のMRIの開発で一挙に解決した。治療に関しては、マイクロサージェリーによって手術の精度・安全性を格段に増している。

モータリゼーションによる交通事故の外傷の増大とともに登場した脳神経外科（1965〈昭和40〉年）は現在、腫瘍、脳卒中への対応も迫られている。

(4) 気管食道科

「横隔膜の上下を通る食道がんの手術は、開胸、開腹の両方に及ぶ患者の全身状態をみながらの離れ業だった」と、わが国のこの分野におけるパイオニアである中山恒明は当時

の苦労を述懐している。気管内麻酔のない時代、開胸すること自体が大変に難しい技術で、たとえ開胸が行われても抗生剤もなく、感染による縫合不全や膿胸が患者を死に至らしめた症例が多かったという。

その意味で、気管内麻酔と抗生剤の登場が気管食道科の確立の第一歩だったといえる。その診断には消化管の造影、内視鏡、生検、消化器疾患の診断が基本であり、TVレントゲン、内視鏡といった高度医療の進展の中で早期診断も確立されてきた。治療法も手術、放射線療法が威力を発揮し、その予後はこれらの成果に待つところが大きかった。気管内麻酔、抗生剤の登場で基礎を築いた気管食道科の進展は、胃がん治療をはじめとする消化器外科の進展と軌を一にしたといってよい。

3 リハビリテーション科、形成外科・美容外科 ——生命に加え生活の視点から誕生

(1)リハビリテーション科

「命あっての物種」。医療技術が生命(救命)に比重をおいてきたのは、間違ったこととはいえないだろう。だが同時に、先天的な障害、また疾病治療の経過中に後遺症として障害をもたらすこともありうる。命に別状がなくても、運動障害、視覚障害、聴覚障害、内部障害(低肺機能、腎不全など)、精神障害のため日常生活に困難を来す場合もある。

従来、医療界の主流は、そうした障害を「不治永患」として医療技術の射程外、福祉の問題として放置してきた。神経難病など、診断にまではエネルギーを割きながら、治療法がないとわかると途端に患者の生活への関心が薄れてしまう。これまで、このような人が少数者だということもあって、社会問題にならずに終わってきたが、高齢化に伴う老いは誰しも避けられず、身体機能の低下にどう対処するかが迫られている。

これに対して、障害者の残存能力(潜在能力の開発を含め)に主眼をおき、その社会生活への復帰をめざすのが、リハビリテーションの発想である。右手が麻痺していても左手で字を書く練習をし、下肢が使えなくても上肢でプッシュアップしてベッドから車いすに移乗し、食事、排泄、入浴など日常生活動作(ADL;Activities of Daily Living)の可能性を探っていく。それも難しければ、器具や環境調整、または介助により社会参加を図れるようにする。できないことに目をつけるのではなく、できそうなことをみつけていくといったポジティブな考えは「代償の医学」と呼ばれる。従来の医療技術が生命を重視してきたのに対し、リハビリテーションはさらに生活の視点を加えたものといわれる。その中で、急性疾患のときの安静一点張りが廃用性症候群をもたらすことも明らかにした。

適度の休息を図りながら、最期まで残存能力を使っていくことの大切さを示したという意味で新たな視点を加えたことになろう。

ただ、ADLに力点をおく点が、いつの間にか技術至上主義、生産力至上主義の考え方をもたらし、ADLの自立を待って社会参加が可能という議論にすり替えられてしまった。アメリカの障害者の自立生活運動はこのことに対する異議を申し立て、これを正面から受け止めたアメリカのリハビリテーション学会は、リハビリテーションのゴールをADLから生活の質(QOL；Quality Of Life)に転換した。

例えば、脳性麻痺の障害者がリハビリテーションに励み、食事の自立にこぎ着けたとしても2時間を要するとする。1日6時間も要するなら、その部分は介助を受け、残りの時間を外出や読書に費やすほうがQOLは高いのではないか。リハビリテーション専門医の二木立は脳卒中のリハビリテーションの効果について、自立歩行を例に次のように述べている。「高齢者ほど早期リハビリテーションが有効だが、それでも完全自立にいたるのは3分の1である」(二木立著『リハビリテーション医療の社会経済学』勁草書房、P.62、1988年)。しかし、自らの経験で「残りの3分の2の中で医学的に寝たきりの生活を必要とするのは1％にすぎない」という(二木立著『複眼でみる90年代の医療』勁草書房、P.137、1991年)。リハビリテーションの技術的限界とケア(介護・福祉)へのつながりを示すものといえよう。難病の患者は、現行の医療技術ではどんなにリハビリテーションを進めても、しだいに機能が低下していくのは否めない。またADLを目標にするかぎり、植物状態の患者の存在意義は難しくなる。リハビリテーションのゴールをQOLにおき、福祉との接点をもっていかないと、復権の医学の理念達成も難しくなる。

この点に関連して、リハビリテーションのパイオニア上田敏は「主観としての障害」を提起し、次のように述べている。「人が障害に陥り、もうダメだと絶望するのは、健常なとき障害者を劣ったものとみてきた意識の裏返しにほかならないのではないか」。医療技術がどんなに進歩しても、常に治療手段を提供されるわけではない。また人は老いを、それに伴う機能低下を避けられない。これを社会が、個々人がどう受け止めるか、リハビリテーション科の登場は医療思想そのものを問いつめているともいえよう。

(2) 形成外科と美容外科

兎唇、口蓋裂、先天的奇形、外傷、火傷などによるケロイドなど、器官の機能的・形態的な障害の修復・再建に関する関心やニーズは太古の昔から存在し、その経験も蓄積されてきた。紀元前6〜7世紀のインドにおいて鼻そぎの刑があり、その修復に造鼻術が行われていたという記録が残っている。また、イギリスがインドの植民地化を狙って進出したときに捕虜になったイギリス兵士が鼻そぎの処刑を受け、インドで継承されていた造鼻の技術により助けられたともいわれる。これらの技術が、ペルシャ→ギリシャ→ローマへと伝えられ、近代ルネッサンスで外科技術の振興とともに進展し、近代外科学の中で形成外科学として発展させられてきたことを形成外科史は示している。

しかし、それが本格的な発展を遂げるのは、外科学の他の領域と同様、麻酔技術の確立、

抗生剤の登場、移植免疫の研究の進展以降である。特に、植皮刀(Padgett Hood、1938年)による植皮術の開発が大きな発展の契機となった。その成功は骨、軟骨、骨膜、筋膜、脂肪、血管や神経の移植・接合の技術開発につながった。さらに、2つの世界大戦による戦傷とその修復・再建の経験は、その動きを加速した。

ヨーロッパで学び、その成果を発展させてきたアメリカでは1931年、アメリカ形成再建外科医学会(The American Society of Plastic and Reconstructive Surgeons)が結成され、1937年にはアメリカ形成外科専門医制度を発足、1941年に機関誌「Plastic and Reconstructive Surgery(形成再建手術)」を刊行した。1955年には第1回国際形成外科学会(International Society of Plastic Surgeons)を開催し、1967年の第3回ローマ大会で「International Society of Plastic and Reconstructive Surgery(国際形成再建学会)」に、さらに1991年には「International Society of Plastic and Reconstructive and Aesthetic Surgery(国際形成再建及び美容外科学会)」へと進展をみせている。マイクロサージェリーの活用、レーザー治療、内視鏡下での脂肪切除、組織拡張法(Tissue expansion)、培養表皮移植術が成果を上げ、近年の再生医療の進歩も視野に入れた取り組みがなされている。さらに、国際組織の名称の変遷は、美容外科を形成外科の技術的基礎の上に発展させようとする方向もうかがえる。

わが国でも、形成外科の技術は橋本綱常(東京大学、1879〈明治11〉年)、佐藤進(順天堂大学)らの外科医により紹介され、最初の教科書も小山内建により刊行された(1882〈明治14〉年)。しかし、外科、眼科、耳鼻科、整形外科、皮膚科で分散して取り組まれてきたにすぎなかった。

戦後、三木威勇治(東京大学整形外科学教室教授)が教室内に形成診療班を組織し、診療を開始した(1958〈昭和33〉年)。この診療班が東大病院の中で整形外科から独立し、形成外科診療科となった(1960〈昭和40〉年)。また、慶應義塾大学(1963〈昭和38〉年)、順天堂大学(1965年)、昭和大学(1968〈昭和43〉年)、東京慈恵会医科大学(1968年)をはじめ、総合病院にも形成外科の診療科が誕生している。わが国で初めての形成外科学講座が昭和大学(1974〈昭和49〉年)をはじめ、いくつかの大学に設けられはじめた。1957(昭和32)年に開かれた第1回美容形成外科研究会は、その後、第1回日本形成外科学会として発足(形成外科の名称もこの総会出席者の投票で決まった。初代会長・三木威勇治)した。機関誌は最初、「美容形成外科」で出発したが「形成外科」に変更され、1972(昭和47)年に日本医学会分科会への加入が認められ、1975(昭和50)年には形成外科が標榜科目として許可された。

他方、美容外科については、日本整容外科研究会が創立され(1977〈昭和52〉年)、翌年、日本美容外科学会が組織された(会長・大森清一、東京警察病院)。同年、美容外科が標榜科目として認められている。この年、わが国に初めて昭和大学に美容外科診療科もつくられ、その後、東海大学、北里大学、東京大学にも同科が誕生した。しかし、同名の2つの

日本美容外科学会が存在し、形成外科の研修をしなくても美容外科を名乗れるなどの問題を残している。美に対するニーズを軽視し邪道視する一方で、商業主義がはびこるわが国の美容外科の現状や、形成外科と美容外科の関係についての再検討がなされなければならないだろう。

4 病院の近代化、中央化と放射線科

　レントゲンのX線発見（1895年）の翌年には、ドイツ、アメリカ、イギリスで装置が販売された。1909（明治42）年には島津製作所が国産1号機を国府台衛戍（えいじゅ）病院に納入した。変圧式X線発生装置、高圧整流管、X線管、フィルム、散乱線除去のブレンデなど装置の開発・改良で、1920年代には一応の完成をみた。骨折の判断くらいにしか使えなかった同装置も、胸部診断に用いられ、結核の病理所見との対比による読影技術も進み、30年代には胸部疾患診断に不可欠な装置となった。その後、断層撮影（1934〈昭和9〉年）、集団検診用の間接撮影（1936〈昭和11〉年）などの装置も開発される。治療用のラジウムなども導入され、1930年代には、わが国の大学でも放射線教室が誕生した。

　しかし講座制色が強く、胸部写真は内科、骨の写真は整形外科、ラジウムは婦人科、深部治療は外科とそれぞれの教室で導入され、各講座に放射線の担当者が存在し、別々に運営されていた。放射線教室には診断・治療とも患者は回ってこず、放射線教室は機械の開発、放射線の生物物理学的研究に専念せざるを得ない状況だったといわれる。当然、症例も集まらず、各講座の専門担当者に太刀打ちもできなかった。

　したがって、放射線教室で訓練された医師は、実際的には使いものにならず、一般病院では歓迎されなかった。逆に、各科の医師は医局での修練の過程で一応レントゲン機器が扱えるように訓練されるが、放射線についての系統的な教育を受ける機会はない。一般病院に出ても我流で診断・治療をしていて、機器が導入されても、一般に専門科はない状態が戦前は続いてきたといわれる。

　戦後、病院管理の遅れがGHQより指摘され、近代化の一環として手術室、検査室、給食設備などと並んで放射線科も中央化されるようになった。特に機器が高度化され、高額化するに伴い、中央化が進んだ。

　その際、治療部門は比較的専門化され、コバルトやラジウムを直接体内・体表に用いるときは放射線保護の病室が必要になり、その管理も放射線科医が担当することで整理された。しかし、診断部門からの撮影の依頼に応じるが、読影をどうするかという課題があった。中央読影方式がとられたことで、読影水準は一定になり効率もよかった。

　ただその場合でも、次のような課題があった。胸部写真もすべて読影をしてもらっていると、一般医としての技術の蓄積が図れるかどうか。消化管の読影、そしてCT、MRIを用いると、どの範囲まで中央読影方式にするのか。各科の専門医と放射線科医の読影の関

係をどうするか。どこまで共有の技術にするのか、固有の技術にするのか。

画像の読影はあくまで病変の影にすぎないとすれば、それらは臨床の詳細を知っている専門科の医師の判断と放射線読影医との判断との関係を含めて、技術的な課題となってくる。いずれにせよ、読影のカンファレンスをもつことが、双方の技術向上にとって意味がある。

がん治療の場合は、放射線治療単独という例は少ない。一般治療や検査などの全体的な管理をするには無理があり、放射線科医はあくまで放射線照射、治療の助言、指導的立場というのが自然であろう。

なお、放射線科が物理学的光線を扱うため、理学診療科という名称で呼ばれたこともあるが、物理療法とは違うので混乱を招いた。また、リハビリテーション科も理学療法科と呼ばれたことがあるが、紛らわしいので廃止されている（1996〈平成8〉年）。

5 既存の内科系診療科の細分化

抗生剤や抗結核剤などの新薬の登場、気管内麻酔技術や輸血の進歩、さらにはその後の高度医療の展開の中で、外科系の新たな診療科の誕生をみてきた。内科系で新たに生まれたのはアレルギー科（1996〈平成8〉年）とリウマチ科（1996年）。アレルギー科については、気管支喘息、花粉症、薬疹など呼吸器科、耳鼻科、皮膚科などで扱われていたものをアレルギー学の成果として分化したものであり、リウマチ科の成立も免疫学の進歩を十分に踏まえ、横断的に扱おうとする試みといえよう。心療内科（1996年）については精神科との関連で、小児外科（1978〈昭和53〉年）・小児歯科（1978年）は小児の特異性に注目することで、その特徴も理解される。そこで、これらに触れる前に、上述の戦後の技術進歩が内科診療の主要な分野（循環器・呼吸器・消化器）の内容を豊かにした側面について概観しておく。

まず、循環器疾患では、心電図、ホルター心電図、X線検査などは診療所レベルでも備えており、不整脈や虚血性心疾患、心不全の診断に大きな役割を果たしている。また、負荷心電図での虚血性心疾患の精査や、心臓超音波検査による心機能の評価も当たり前のこととなり、心臓疾患に対して、より正確に病態を把握できるようになっている。心臓カテーテル検査も盛んに使用されており、冠動脈の狭窄を確認するだけではなく、PTCA（経皮的冠動脈形成術；細いカテーテルを使って狭くなった冠動脈を広げる治療法）などの治療法としても広く行われ、虚血性心疾患患者の治療法の主流となっている。最近では心臓CT検査も多用され、非侵襲的に冠動脈の狭窄を調べることができる。不整脈に対してはペースメーカー（具体的な適応疾患は洞機能不全症候群、完全房室ブロック、徐脈性心房細動など）も使われ、めまいや失神などの改善に寄与している。

次に、呼吸器疾患では、抗生剤による肺炎や肺結核の治癒が戦後の大きな変革点の1つ

である。他には肺機能検査、パルスオキシメーター、動脈血液ガス分析、胸部CT検査、気管支鏡、人工呼吸器など種々の医療技術が呼吸器疾患の診断・治療に役立っている。CT検査はComputed Tomographyの略語であり、コンピュータ断層診断装置のことである。胸部X線検査では二次元的にしか分からなかった病変がCT検査で詳細に分かるようになった。かつては時間がかかったCTの造影検査なども、今では短時間に結果が出るようになり、身体の横断像だけではなく、三次元の立体像や縦方向に切り取る撮影もできるようになっている。

そして、消化器疾患では、食道・胃・十二指腸を調べるためのX線上部消化管造影検査（MDL；Magen Durch Leuchtung）や、大腸を調べるための注腸検査は、バリウムを使って粘膜の凹凸から病変（潰瘍やポリープ、がんなど）を映し出すX線による検査である。また、上部・下部消化管内視鏡検査により直接、食道・胃・十二指腸・大腸を観察できるようになり、良性のポリープのみではなく食道がんや胃がん、大腸がんなどの悪性腫瘍も内視鏡で摘出できるようになっている。その適応の範囲もポリープ切除（polypectomy）に加えて、ESD（内視鏡的粘膜下層剥離術）などにより広がってきている。

なお、画像検査も、腹部エコー検査（非侵襲的に肝臓、胆嚢、膵臓などを調べる）やCT、MRI検査などで臓器を詳細に描出できるようになった。

薬では、戦後は胃・十二指腸潰瘍は手術の適応であったが、H_2ブロッカーの出現により、手術は特別な場合を除いて過去のものとなっている。また、胃・十二指腸潰瘍の内服療法もピロリ菌の除菌により中止できる患者が少なくない状況となっている。

急性虫垂炎や急性胆嚢炎なども抗生剤で抑え込むことが可能となり、これらの疾患から腹膜炎となって死亡の転帰（抗生剤出現前は稀ではなかった）をたどるようなことはなくなってきている。肝炎ウイルスや一部悪性腫瘍にはインターフェロンによる治療も行われ、近年は他の薬剤との併用で肝炎ウイルスを排除できる患者数も増えてきている。

(1) 神経内科

脳・脊髄など中枢神経や末梢神経などが関与する疾患が、神経内科の関与する病気である。主な疾患には、脳血管に関係する脳梗塞、脳出血、感染性疾患である髄膜炎・脳炎、脱髄性疾患では多発性硬化症などがある。また、変性疾患ではパーキンソン病、脊髄小脳変性症、ALS（筋萎縮性側索硬化症）、末梢神経疾患では顔面神経麻痺、筋疾患では筋ジストロフィーなども神経内科で扱われるものである。機能発作性疾患であるてんかん、片頭痛なども取り扱う。脳腫瘍や頭部外傷は脳神経外科で扱うことが多い。

診断は、問診とともに神経学的検査による所見が神経内科では重要となる。これらで診断に迫れる疾患は少なくない。高度医療の進展の中で登場してきた、神経疾患の有力な検査機器としてはCTとMRIの2つが挙げられる。

CT検査は、脳病変では出血や腫瘍、膿瘍などの診断に有効である。外傷では、頭蓋骨

の骨折や血腫の有無などが分かる。

　CTでは、脳出血では発症直後から白く映り、また脳梗塞ではしばらくの間、CT画像上でははっきりせず、時間がたつと低吸収領域として認められる。麻痺症状があり脳血管障害を疑う場合に、CTで高吸収領域があれば脳出血を、なければ脳梗塞を一般には疑う。単純な脳CTでは脳腫瘍を見逃すことも多く、疑った場合には造影検査が必要となる。

　脳MRI(MRI;Magnet Resonance Imaging;磁気共鳴装置)では、脳CTでは分からない脳梗塞なども早期に診断することができる。小病変も描出可能である。脊髄病変(脊椎腫瘍・脊椎空洞症・椎間板ヘルニアなど)の描出にも有効である。MRIはCTと比較して、放射線被曝がない点や骨による画像の乱れがなく、脳の解剖学的部位の認識が容易であり、病変の検出感度が高いなどの特徴を有する。心臓ペースメーカーを有する症例には使えないことや、CTと比較して検査時間がかかるなどの欠点もある。

　この他、脳から常時発生している多数の神経細胞の電気変位を、頭皮上の電極で誘導記録したものが脳波である。通常、てんかん、変性疾患、意識障害、睡眠障害などの診断で使われている。1929年にドイツのベルガー教授により最初の研究論文が発表されたが、日本では1951(昭和26)年、国産による第1号の脳波計が製作された。CTやMRIの画像検査とは違って、脳の機能状態を示す検査で、脳死の際の判定基準でも使われる。

　また、脳・脊髄液の検査や脊椎麻酔の際に使われる手技が腰椎穿刺である。髄膜炎や脳炎の診断では、圧測定、外観、細胞数、糖、蛋白などを測定することにより鑑別診断を行う。脳圧の亢進を除外した後に、CTなどで確認できない微小出血の確認のため腰椎穿刺を行うこともある。腰椎穿刺の副作用で多いものは頭痛である。

　神経内科の取り扱う病気、特に難病と考えられている疾患では、診断はついても有効な治療法がないものも多く、適切なケアが必要とされる。診断を行う医療機関と、日ごろ療養上の相談に乗る医療機関の連携が十分にとられていない地域も多く、神経難病の患者が生活していく環境の整備は不十分な地域も多い。

　ALSや筋ジストロフィーの患者などでは人工呼吸器を利用しながら、在宅療養をする道を選ぶ人も少なくない。その多くは気管切開が行われた患者で、人工呼吸器に接続することになる。その場合、痰や唾液の吸引が必要となる。かつて、吸引行為は医師や看護師などの医療者の他は家族が行ってきたが、2003(平成15)年7月、厚生労働省は「在宅ALS患者にかぎり、医師及び看護師の指導下、患者の同意書により、家族以外のものによる痰吸引を認める」という通知を出した。ALS患者の場合では、厚生労働省は痰の吸引をヘルパーにも認める方向に変わってきている。

　なお、歴史的に19世紀、神経系の医学が発展するときに、ドイツでは神経医学と精神医学は統合されるべきと考えられていた。フランスやイギリスでは神経系の医学は内科の一部とされてきたが、日本では長らく神経科と精神科は区別されないできた。そのため、神経精神医学教室という臨床講座名も残っていた。戦後になって内科学の中で神経系の病

気を研究する人たちが自分たちのアイデンティティーを主張し、神経内科が一般に周知されるようになってきたという経緯がある。

(2)アレルギー科

アレルギーとは、抗原抗体反応が生体に及ぼす影響の中で病的な反応を示すものをいう。

アレルギー科はアレルギーが関与する疾患を対象にする科で、主な病気は気管支喘息、食物・花粉・昆虫・動物・ペットなどに対するアレルギー、薬剤アレルギー、アトピー性皮膚炎、化学物質過敏症、アナフィラキシーショックなどである。

アレルギー科は、内科、小児科、皮膚科、耳鼻科、眼科などさまざまな科の狭間に位置する科である。アレルゲン（アレルギーを引き起こす抗原：ダニ、スギなど）によって生じるアレルギー反応は、患者の上気道や肺、皮膚、粘膜などいくつかの臓器に症状として現れることが稀ではなく、それらアレルギー反応で引き起こされる疾患をまとめて取り扱うことにアレルギー科の特色がある。

アレルギー疾患はⅠ～Ⅳ型に分けられるが、一般的によく見聞きする気管支喘息、花粉症などは主にⅠ型アレルギーが関与している疾患である。この場合は、IgE抗体の総量の増加や好酸球の増加が特徴的な検査所見である。

RAST検査はダニ、スギなどに特異的なIgE抗体を測定し、アレルギーを引き起こすアレルゲンの想定に役立つ。

パッチテストは、健常皮膚にアレルギー反応を引き起こす可能性がある原因物質を24～48時間貼り、はがした後と24時間後の皮膚の紅斑や水疱の有無で接触性皮膚炎、蕁麻疹、薬疹などの原因物質の診断に利用する。

通常、これらの病気の治療にあたっては抗ヒスタミン剤、ステロイドホルモン剤などの薬物治療が行われる。その方法は、皮膚疾患では局所的に軟膏を、鼻や眼の疾患では点鼻薬や点眼薬を、気管支喘息では気管支拡張剤や吸入ステロイド剤を投与し、かつ必要に応じて内服薬治療をしている。

アレルギー疾患の発症には、アレルゲンと呼ばれるアレルギーを引き起こす物質の関与が共通している。減感作療法は、治療用のアレルゲンエキスを低濃度から皮内に注射し、投与する濃度を徐々に上げていくことによって、アレルゲンに対するアレルギー反応が引き起こされるのを防ぐ根本的な治療法の1つである。治療効果は大きいが、治療が長期にわたるなどの欠点もある。

(3)リウマチ科

関節リウマチなどの膠原病では、治療薬として副腎皮質ステロイドホルモン、免疫抑制剤などが使われることが多い。関節リウマチでは以前は痛みをとる治療法である消炎鎮痛剤が主体であったが、治療法に一定の進展がみられ、関節の破壊を止める治療法として抗

リウマチ薬（DMARD）を早期から使うように変わってきた。1999（平成11）年に第一選択薬のメトトレキセート（MTX）が保険で承認され、2003（平成15）年にはMTXでも効果がない病態に対して生物学的製剤が使用される状況となってきている。関節リウマチに対する治療は大きく変化してきており、今後の新薬の開発が待たれるが、生物学的製剤には重篤な副作用もあり、注意が必要とされる。

6 小児科の分化——小児外科・小児歯科

　抗生剤やワクチンの登場・普及は栄養状態の改善などと相まって、肺炎や下痢に代表される感染症、消化器疾患に小児科医が忙殺される状態を激減させた。麻酔技術や補液などの進歩に支えられ、先天性心疾患、リウマチ性心疾患、先天性胆道閉鎖症などの手術への挑戦も始まるとともに、悪性腫瘍に対する化学療法の進歩は小児の白血病の寛解率を大幅に引き上げてきている。

　小児内科として出発した小児科学も、新生児や未熟児の問題に当面し、周産期医療での産科との橋渡し、さらには出生前小児科学へとその領域を広げてきている。また逆に、小児成人病学といった形で、15歳以下の対象者に小児科学はその深さや広がりをみせており、1960年代後半から70年代にかけて相次いで登場してきた子ども病院や小児医療センター、小児保健センターなどの施設はその表れであろう。これらの動きを反映して、標榜診療科として小児外科（1978〈昭和53〉年）、小児歯科（1978年）が誕生してきた。自閉症をはじめとする発達障害、ひきこもり・不登校などの児童精神、小児のメタボリック症候群、喘息・湿疹など種々のアレルギー疾患、難病、心身障害などの課題にも小児科学は直面している。

　そもそも、小児は大人のミニチュアではない。小児科学は単なる年齢区分では済まされない発達・成長にかかわる独自の課題をかかえ、医療、保健、福祉、教育にまたがる広範な接近を必要とするだけに、今後も分化と統合が図られていくに違いない。

　とはいえ、現行の医療システムの中では薬や検査を多用できない小児医療は撤退を余儀なくされている。小児の救急にしても、ともすれば三次救命センターにのみ目が向けられ、一次医療・二次医療があいまいにされがちだが、大人の場合と同様に両者を連動して考えないかぎり、解決も困難であろう。さらに少子化対策が叫ばれながら、保育所問題、学童保育、居住スペース、教育費などの理由により出産したくても産めない状況、母体の健康管理も十分に行われない婦人労働の現状などをそのままにして、狭義の技術の進歩のみでは診療科の進展も難しいだろう。

7　精神科と心療内科

　精神科では戦後、向精神病薬の開発により、統合失調症・うつ病・神経症の症状が、ある程度コントロールされるようになったのは大きな前進であった。

　しかし、精神病患者は以前より社会から疎外され、人権がないがしろにされてきた。現在でも、患者への偏見がいまだになくなってはいない診療科である。

　精神疾患には、客観的診断方法が身体を扱う他の診療科とは違って確立されていないものも多く、そのため内科、外科など他の診療科の医師が精神病患者にかかわりにくいという側面がある。最近では、マニュアル化で精神疾患の診断が不用意になされすぎる危険性も指摘されている。

　身体を取り扱う診療科では薬づけが問題とされてきた。精神科の場合、行動療法、作業療法などは別として、治療法が薬剤偏重のきらいがいっそう強く、薬漬け、多剤併用が重大な問題となっている。他の診療科でもそうだが、病気を引き起こす原因が究明されないと、病状を改善させる有効な対策をとることや薬を開発することはできない。その点からも脳の基礎的な研究のさらなる進展が待たれる。

　また、身体を取り扱う診療科と精神を取り扱う診療科の分断が問題になる。一人の医師が身体も精神も併せて対応できればよいが、現実は困難であり、各診療科の連携も不十分なため、夜間・休日も含めて精神疾患患者の症状に対応できる診療体制ができていない。精神疾患のある患者が救急車を呼び身体症状を訴えたとき、診断や経過も不明のため、内科・外科の救急外来で、精神科の修養の足りない内科・外科医が対応する場合は場当たり的なものになりやすい。救急医療のみでなく、日常診療でも精神病患者の身体疾患はきちんとフォローされているのかという問題もある。

　最近では、精神科・心療内科クリニックが乱立している。設備投資が他の診療科に比べると少なくて済むことや、精神医学は主観的な判断で治療がなされる部分が身体を扱う診療科よりも多いので、訴訟になりにくい面も診療所の開業を促進している。あろうことか、「うつの患者は問題が起こっても訴える元気がないからリスクは少ない」という医師も存在する。内科、小児科、整形外科、脳神経外科から、十分な研修を経ないで心療内科などへ標榜を変更する医師もいるため、不適切な診療・治療につながっているという。まさに、自由標榜制の矛盾が、現在では精神科・心療内科クリニックの乱立に集約されている。

　心療内科の主な対象疾患は心身症である。心身症は「身体疾患の中で、その発症や経過に心理社会的因子が密接に関与し、器質的ないし機能的障害が認められる病態をいう。ただし神経症やうつ病など、他の精神障害に伴う身体症状は除外する」と定義される。

　心療内科は心身症の患者に対して心身医学的なアプローチを行う診療科で、薬物療法の他に、行動療法、自律訓練法、交流分析などの心身医学療法が使われている。

　心身医学は何らかの身体の異常や症状を訴える患者について、その原因を心身両面から、

さらには気候、風土などの条件をも考えに入れて総合的に判断する。治療にあたっては身体的な面に重点をおくべきか、心理的な面に力を入れるべきか、あるいはその両方に対する処置をとるべきかなどをよく判断して、それぞれの症状に応じた適切な治療を行うことを目的としている。

呼吸器系では気管支喘息、循環器系では本態性高血圧、虚血性心疾患、起立性調節障害、消化器系では胃・十二指腸潰瘍、胃・食道逆流症、過敏性腸症候群、内分泌・代謝系では糖尿病、甲状腺機能亢進症、神経・筋肉系では頭痛、皮膚科領域では慢性蕁麻疹、アトピー性皮膚炎などが心理社会的因子の影響が強いものがあり、それに加えて摂食障害などが心療内科の対象疾患となる。

心療内科という診療科が誕生したこと自体は1つの進歩であり、病気に対して身体的・心理的に、つまり全人的に取り組む姿勢は今まで見落とされてきた患者の病状や病苦の改善・解決につながりうるものである。今後もさらに、身体への心の影響の関与を究明することが期待される。

心療内科はあくまで「内科疾患の中で、ストレスによる身体的変化が自律神経系を中心に起こるもの」が対象となる。心療内科の専門医になるためにも認定内科医（あるいは総合内科専門医）になることが必須であり、その研修システムも心療内科と精神科では異なる。しかし、現実には心療内科を標榜していても必ずしも心療内科医ではなく、精神科医が標榜しているケースも少なくない。また、内科医、整形外科医、脳神経外科医が標榜している例もあるという。

厳密にいえば、精神科と心療内科の扱う病気は違うはずだが、心療内科を標榜する精神科医がいる現状からは、心療内科を標榜する医師の専門が何科であるかを判断するのは難しい。

厚生労働省の「平成28年医師・歯科医師・薬剤師調査」では、医療施設に従事する医師数を施設の種別・診療科名（主たるもの）別にみると、心療内科は910名であり、精神科1万5,609名である。ところが、診療科名（複数回答）別の医師数では心療内科は5,617名、精神科1万7,077名となっている（62〜63ページ、表4-2）。

厚生労働省の調査からも精神科や他の診療科を主とした標榜科目に挙げている医師の中で、心療内科も診療科名に挙げている者が、一定数いることが示唆される。主たる診療科名として心療内科を選択している医師の約7倍の医師が、自分の専門とする診療科とは別に心療内科を自分が取り扱う診療科に挙げている。これは、今の日本の心療内科医がどのような医師によって構成されているかを暗示している。

現在、患者はもちろん、他の診療科の医師であっても、心療内科医と精神科医の区別はつけにくく、どの心療内科医または精神科医に受診すべきか、また、紹介すべきかの判断は難しい。心療内科医と精神科医の役割分担の明確化とそれぞれの診療科標榜の資格の確立が必要であろう。

column 「広告可能な診療科名の改正について」（厚生労働省医政局長2008.3.31）とその意味

　第五次医療法改正（2006〈平成18〉年）における、「患者等への医療に関する情報提供の推進」への取り組みの一環として、厚生労働省医政局長より「広告可能な診療科名の改正について」が各都道府県知事あてに通達された。患者や住民が医療機関の選択と受診をする際、判断をしやすくなるよう、標榜科に関する学会の要望、審議会での論議の内容を踏まえた形で、診療科の表示（広告）に関する規制が大幅に緩和されたといえる。その主な特徴としては次の点が挙げられる。

1) 「内科」、「外科」が単独で診療科名として広告が可能
2) 医療法施行令（1948.10.27）第3条の2項二（1）に定める診療科名（「精神科」、「アレルギー科」、「リウマチ科」、「小児科」、「皮膚科」、「泌尿器科」、「産婦人科」（「産科」又は「婦人科」と代替することが可能）、「放射線科」（放射線治療科）又は「放射線診断科」と代替することが可能）、さらに「救急科」、「病理診断科」、「臨床検査科」についても単独の診療科名として広告が可能。（「救急科」、「病理診断科」、「臨床検査科」について、「医師・歯科医師・薬剤師調査」（厚生労働省）で、従事医師数、歯科医師数の統計も2006年よりとられはじめた）
3) さらに、次のような従来診療科名として認められなかった事項を、1)、2) の診療科名と組み合わせることで、より具体的な診療科の内容をイメージしやすくなる
　(a) 身体や臓器の名称
　(b) 患者の年齢、性別等の特性
　(c) 診察方法の名称
　(d) 患者の症状、疾患の名称
　＊組み合わせ例は別表及び例示
4) 反面、あいまいさを持つ単独診療科名（気管食道科、神経科など）は廃止する
5) 医療機関に勤務する医師又は歯科医師一人に対し、主たる診療科名を原則2つ以内とし、主たる診療科名を大きく表示するなど他の診療科名と区別して表記するのが望ましい

　各事項を個別に列記するのではなく、一定の性質を持った項目群にまとめて示そうとすることをめざしており（包括規定方式）、より具体的な表示となり、患者、住民にとって診療科目の内容がよりイメージしやすくなった。また、医師の担当科目についても原則的に数を制限しており、より合理的になったといえる。

ただ、第五次医療法改正でうたう、「良質な医療を提供する体制の確立」という点で、専門医の認定とも関わるが、いかに医療機関の臨床的力量(知識、技能面)を反映させられるか、また、技術水準の維持をはかるシステムのあり方、およびその保障をどうするかが、今後の課題であろう。

(別表) 診療科名の具体例

医科			歯科
内科	外科	皮膚科	歯科
呼吸器内科	呼吸器外科	泌尿器科	小児歯科
循環器内科	心臓血管外科	産婦人科	矯正歯科
消化器内科	心臓外科	産科	歯科口腔外科
心臓内科	消化器外科	婦人科	
血液内科	乳腺外科	眼科	
気管食道内科	小児外科	耳鼻いんこう科	
胃腸内科	気管食道外科	リハビリテーション科	
腫瘍内科	肛門外科	放射線科	
糖尿病内科	整形外科	放射線診断科	
代謝内科	脳神経外科	放射線治療科	
内分泌内科	形成外科	病理診断科	
脂質代謝内科	美容外科	臨床検査科	
腎臓内科	腫瘍外科	救急科	
脳神経内科	移植外科	児童精神科	
心療内科	頭頸部外科	老年精神科	
感染症内科	胸部外科	小児眼科	
漢方内科	腹部外科	小児耳鼻いんこう科	
老年内科	肝臓外科	小児皮膚科	
女性内科	膵臓外科	気管食道・耳鼻いんこう科	
新生児内科	胆のう外科	腫瘍放射線科	
性感染症内科	食道外科	男性泌尿器科	
内視鏡内科	胃外科	神経泌尿器科	
人工透析内科	大腸外科	小児泌尿器科	
疼痛緩和内科	内視鏡外科	小児科（新生児）	
ペインクリニック内科	ペインクリニック外科	泌尿器科（不妊治療）	
アレルギー疾患内科	外科（内視鏡）	泌尿器科（人工透析）	
内科（ペインクリニック）	外科（がん）	産婦人科（生殖医療）	
内科（循環器）	精神科	美容皮膚科	
内科（薬物療法）	アレルギー科	など	
内科（感染症）	リウマチ科		
内科（骨髄移植）	小児科		

※複数の事項を組み合わせた通常考えられる診療科名を以下に例示する。
【例：医科】
「血液・腫瘍内科」、「糖尿病・代謝内科」、「小児腫瘍外科」、「老年心療内科」、「老年・呼吸器内科」、「女性乳腺外科」、「移植・内視鏡外科」、「消化器・移植外科」、「ペインクリニック整形外科」、「脳・血管外科」、「頭頸部・耳鼻いんこう科」、「肝臓・胆のう・膵臓外科」、「大腸・肛門外科」、「消化器内科（内視鏡）」、「腎臓内科（人工透析）」、「腫瘍内科（疼痛緩和）」、「腎臓外科（臓器移植）」、「美容皮膚科（漢方）」など
【例：歯科】
「小児矯正歯科」など

column 医療機関のウェブサイト広告規制

　医療機関のウェブサイト広告が問題視されるきっかけは、自費診療における美容サービスに関する消費者トラブルが頻発していることであった。

　内閣府消費者委員会から医療機関のホームページを広告として認めるべきではないかという指摘があった。2015（平成27）年の建議では、医療機関のホームページについて、法に基づく「広告」として取り扱うべきであるという内容になっており、もし「広告」として概念の拡張を速やかに行うことができない場合には、少なくとも医療法の施行規則で禁止されている「虚偽」の広告、比較広告、誇大広告、そして、広告を行う者が客観的事実であることを証明できない内容の広告および公序良俗に反する内容の広告を、医療機関のホームページについても禁止することができるよう、医療法上、規制できるような形にしてほしいとの指摘があった。

　また、これまでの医療機関ホームページガイドラインについては、法令上の根拠がないため、各自治体において指導を行うことが難しいといった声が上がっていた。医療機関や医師の技術力の評価に関する情報の公表の範囲や方法等について検討を求められていることなども踏まえ、国民、患者に対する医療情報の提供内容等のあり方について新たな検討が行われた。

　その結果、医療法を改正し、医療機関のウェブサイト等についても、他の広告媒体と同様に規制の対象とし、虚偽または誇大等の表示を禁止し、是正命令や罰則等の対象とすることになった[*]。

　結果として、次の広告は禁止された。
（ⅰ）比較優良広告
（ⅱ）誇大広告
（ⅲ）公序良俗に反する内容の広告
（ⅳ）患者その他の者の主観または伝聞に基づく体験談の広告
（ⅴ）治療等の内容または効果について、患者等を誤認させるおそれがある治療等の前または後の写真等の広告

　医療法第6条の5第3項の規定により、法または広告告示により広告が可能とされた事項以外は広告してはならず、広告可能事項については、一つひとつの事項を個別に列記するのではなく、一定の性質を持った項目群として、まとめて「○○に関する事項」と規定するいわゆる「包括規定方式」をとっている。

　しかしながら、患者が知りたい情報を得られなくなるという懸念を考慮し、広告可能事項の限定解除が認められる場合が設けられている。広告可能事項の限定解除が認

められる場合は、以下の①〜④のいずれも満たした場合とする。ただし、③および④については自由診療について情報を提供する場合に限る。
①医療に関する適切な選択に資する情報であって患者等が自ら求めて入手する情報を表示するウェブサイトその他これに準じる広告であること
②表示される情報の内容について、患者等が容易に照会ができるよう、問い合わせ先を記載することその他の方法により明示すること
③自由診療に係る通常必要とされる治療等の内容、費用等に関する事項について情報を提供すること
④自由診療に係る治療等に係る主なリスク、副作用等に関する事項について情報を提供すること

＊新たな医療広告ガイドラインについては下記参照。
http://www.mhlw.go.jp/file/05-Shingikai-10801000-Iseikyoku-Soumuka/0000192249.pdf

確認問題

問題1 医療技術の進歩と診療科について、次のア～オに適する言葉を、①～⑨から選べ。

医療技術の進歩、疾病構造の変化を反映して、種々の診療科が誕生、専門分化してきた。（　ア　）や（　イ　）といった治療法の違いによる内科、外科の区分がはじまり、耳鼻科、眼科、皮膚科、歯科など、（　ウ　）による分化も遂げてきた。さらに内科は呼吸器、循環器、消化器、神経内科など、外科は心臓外科、脳外科などに細分化されてきている。

小児科、老人科などを（　エ　）による区分とすれば、婦人科は（　オ　）の特性に注目したものといえる。

また、各診療科で横断的に用いられる技術を提供する麻酔科、放射線科、リハビリテーション科、あるいは同じ原因で引き起こされる疾患をまとめて扱うアレルギー科などもあり、診療科はこれらが重なり合うような形で構成されている。

［選択肢］

①人工臓器　　②薬物療法　　③ICU　　④手術療法
⑤臓器・器官　⑥患者の好み　⑦年齢　　⑧地域特性　　⑨性

確認問題

解答1　ア：②　　イ：④　　ウ：⑤　　エ：⑦　　オ：⑨

解説1

一見、多岐にわたってみえる診療科も、治療法、対象となる臓器、年齢、性、共通して用いられる技術など、何を軸に専門分化しているのかを押さえておくと、流れを理解しやすくなる。

第5章
診療科の課題と展望

第5章 診療科の課題と展望

　以上、本書では技術進歩の側面から診療科の変遷をみてきたが、診療科はその時代の疾病構造・技術構造を反映している。逆にいえば、これらに忠実に、しかも生活圏ごとに計画性をもって整備された医療システムをどうやって構築していくかが重要であろう。その前提として、当面、少なくとも次の3点がポイントとなろう。

1　標榜科目とその要件

　診療科が技術的なものであるとすれば、どの程度の装備、建物、ベッド数、人材（コ・メディカルを含めた）の水準が要求されるかは、個々の技術により、おのずから決まってくるはずである。高度医療機器のように装備面に技術が体現されその比重が大きい場合でも、これを駆使する専門医の力量により機能も大きく変わってこよう。リハビリテーション科、小児科、精神科のような場合には、人材の比重がはるかに大きくなる。

　この場合には、診療所での専門科対応も十分に考えられる。患者のアクセスを考えるなら、診療所に専門医が出向くことは、患者のメリットが大きいに違いない。

　人材問題は資格の問題になるが、どんな技術内容を修得するかであろう。技能的な要素（経験・コツ）を欠くことができないだけに、実習を抜きにはできない。2013（平成25）年3月7日の厚生労働省検討会では、専門医制度について、これまで学会が個別に認定していたのを、独立した第三者機関が統一基準を設けて認定する方向に改められた。わが国では、明治維新後の近代化の中で技術者教育が軽視されてきたことや、医局講座制のゆがみもあり、欧米諸国に比べて専門医の力量に疑問が呈されてきた。戦後の麻酔科の標準医（認定医）認定試験では、当初より実技が重視された。この点がどこまで徹底されるかが、より本質的な課題といえよう。また、専門医といっても、第1章の地域病院の専門医のところでみたように、二次医療、三次医療のどこを受け持つかにより、その技術内容の幅も異なってこよう。場合によっては、ペーパーテストだけでなく、施設の現場調査も必要になるだろう。

　専門医の技術には、症例として数は少ないが高度に専門分化したものから、その領域では日常的なものまでが含まれる。前者の質を確保する上では、担い手の要件を明らかにし、養成していかなくてはならない。同時に、後者のなかで数の多いものについては、経験の蓄積のなかで、一般医も確実かつ安全に行使できる技術習得法の確立を図り、一般医が扱っている範囲もはっきりさせていく。その上で、トレーニングの機会を組織的につくり、技術の委譲を図ることも国民医療の立場から必要になろう。

2 専門分化の中で戸惑う患者——総合診療科の試み、その本質は何か

　技術の専門分化は技術に深みを増し、機動性を増す。だが、個々の医療技術が有機的な関連をもつ以上、統合の機能をどこでもたせるかが重要になってくる。

　患者は自分の症状が比較的単一の臓器に関係する場合はともかく、いくつかにまたがるときや、漠然としているとき、どの診療科を受診すればいいか戸惑うに違いない。特に三次医療を担う大病院において、その傾向が顕著であろう。自分の勘を頼りに受診するのでは、あちこちの診療科を回され無駄も多い。患者にとっては二次医療を担う病院で、総合的に振り分けをしてくれるところがあれば好都合といえる。

　大学病院や大病院のなかには、プライマリケアの担い手を養成するのに、従来の専門医制のままでは弊害も大きいので、総合診療部を設けて、外来でその窓口的な役割をもたせているところもみられる。病院外来の診療科として総合診療科を掲げているところもある。これは、専門分化に偏した診療科では患者のニーズに応えきれないという問題を、何とか解決しようとする点では一歩前進といえる。しかし、総合診療科の役割が、初診のふるい分けだけでよいのだろうか。再診以降はどう対応するのか。成人および高齢者の慢性疾患が複数の診療科にまたがる以上、専門科との関連を考えながら総合的な接近を図るという、再診以降のフォローアップの役割も欠かせない。それこそが、一般医内科（医）の役割ではないだろうか。高度医療が進展してきた地域医療支援病院（二次医療）の病棟、外来、さらにそれと関連する数多くの診療所の一般医には、どのような技術水準が求められるのか。それに必要な初期研修、生涯研修の技術的内容など、総合診療科に関する課題は多い。

　しかも、総合診療科の視点は病院内にのみ向けられており、プライマリケアを担う圧倒的多数の診療所医師の役割には及んでいない。その隙間をぬうかのように、在宅診療を中心とする家庭医の資格化の議論が進められている。これら双方の関連はあいまいで、病院総合医の下に家庭医が置かれるかのようにもみえる。このような状況では、患者のライフステージの大半を占める外来診療（在宅診療を含む）を担う一般医が育つのは難しいであろう。これは、臨床研修義務化以降、気軽に診療所に出て外来診療や在宅医療を担う一般医が育っていないことからも明らかであろう。

　総合診療科が提起している問題は、一次医療、二次医療の中心的な担い手をどう育てるかといった根本的問題に立ち返らない限り、解決の方向は見い出せないのではないか。

　高度医療の進展に伴い、医療機器が高額化してくると、病院の規模を無視して、個々の医療機関の経営努力で自由にCTを入れ、頭痛の患者に片っ端から撮るような野放図なことは、国にとって医療費抑制の面からも放置できなくなってきた。その点では医療機関の機能分化が図られはじめたが、ベッドだけで採算がとれるような診療報酬体系になっていないため、大病院も外来を手掛けざるを得ず、規模の大小を問わずお互いが競合する仕組

みになっている。1,000床規模の病院の門前にある診療所は、そのことを端的に物語っている。

しかも、専門医制に走ってきたことからの転換ができていないため、ゲートキーパーの役割をする一般医の技術内容があいまいなままにされている。総合医、家庭医、かかりつけ医の議論はこのことにかかわってくるが、その技術内容の検討から始められなければならないだろう。

単なるふるい分けにとどまらず、必要に応じて専門医の指導や助言をもらいながら、腰を据えて患者のフォローアップをしていく一般医の技術水準の底上げをいかに図るか。そのことが、わが国の医療システム構築のカギを握っているといっても過言ではない。このようなシステムをどうやってつくっていくかが、今日の診療科をめぐる課題といえよう。

column 新専門医制度

各学会が独自に認定してきた専門医は、認定基準の統一性や専門医の質の担保に疑念が残り、患者に専門医とはどのような医師かが必ずしも理解されておらず、受診の指標になっていない等の理由から、中立的な第三者機関「一般社団法人日本専門医機構」が専門医の認定と養成プログラムの評価・認定を統一的に行うことになった。

基本領域専門医(内科、外科、小児科、産婦人科、精神科、皮膚科、眼科、耳鼻咽喉科、泌尿器科、整形外科、脳神経外科、形成外科、救急科、麻酔科、放射線科、リハビリテーション科、病理、臨床検査、総合診療科)の19領域と、サブスペシャリティー領域(29領域)の2段階制がとられ、専門医の養成を病院単体ではなく、大学病院等の基幹病院と地域の協力病院等(診療所を含む)が病院群を構成して行うことになった。また、専門医の認定は経験症例数などの活動実績を要件とし、また、生涯にわたって標準的な医療を提供するため、更新の際にも各領域の活動実績が要件となる。

新専門医制度は、2017(平成29)年度からの実施予定であったが、都市部の大学病院に医師が集中し、地域偏在に拍車をかけかねないとの懸念などから1年先送りされた。

2018(平成30)年4月から新専門医制度は開始され、採用者および登録者数は8,394人となっている。都市部への集中を抑制する観点から東京・神奈川・愛知・大阪・福岡に関しては採用者数が過去5年間の専攻医採用実績の平均値を超えないこととされているが、新専門医制度により医師の偏在が助長されているという意見と、数字上は東京都に専攻医が集中しているが、プログラム上、一定割合が地方派遣されるので問題ないとする日本専門医機構側の意見が分かれている。

新専門医制度では、2つの医師の偏在が危惧されている。1つは地域の偏在で、新専門医

> 制度においては、初期研修は地域の病院で行っても、専門医になるには症例数の集まる大病院・大学病院での研修が必要となることが多いため、都市部での専門医研修が加速され、医師の地域偏在がますます進むのではないかと危惧されている。また、2つめは診療科の偏在であり、専門医となるためのハードルの高い内科等の選択者が減少し、麻酔科、眼科などのマイナー科の医師が増加する診療科の偏在の可能性も指摘されている。
>
> 医師偏在が助長され、地域医療に重大な影響が生じかねないことが判明すれば、国や都道府県から日本専門医機構に是正を求める動きが出てくる可能性がある。
>
> 地域の住民のニーズとかけ離れたところでの専門医論議が地域医療へ悪影響を及ばしかねないという危惧を抱えながら、新制度はスタートしたが、結局、誰のための専門医制度なのかという根本問題をはらんでいる。

3 生活（予防、福祉）面にかかわる診療科の増大とその前提

疾病構造や技術進歩により、種々の診療科が生まれてきた。最近は、生活、予防、福祉に関連した診療科が多く登場している。

まず、「禁煙外来」が登場した直接のきっかけは、禁煙薬剤の実用化と無関係ではない。この点では診断、治療技術の進歩、専門性が新たな診療科の登場を促したともいえる。

次に、「物忘れ外来」では、認知症の早期発見の窓口としての役割は当然として、その後のフォロー体制をどうするかを考える必要がある。

そして、糖尿病の栄養相談などを含め、生活、予防、福祉に関連した診療科はいずれも、チームとして患者の病状、性格、障害や、その生活背景を把握し、働きかけていかなければならない。そのためには、マンパワーを要する。外来だけでなく、患者の家を往診する必要があるかもしれない。例えば、認知症の患者を受診させるのは、容易ではないケースも少なくない。初診以降は投薬のみという対応と、往診して実状をみる対応では、介護に対する指導も変化するだろう。このようなきめ細かい医療、保健、福祉ネットワークの構築ができるかどうかが、これらの診療科の成否のカギになるに違いない。

また、4疾病（がん、脳卒中、急性心筋梗塞、糖尿病）5事業（救急医療、災害時における医療、へき地の医療、周産期医療、小児医療〈小児救急医療を含む〉）（医療法第30条の4第2項第4号、第5号）に精神疾患が加えられ、5疾病5事業になったことが、医療提供体制の課題として挙げられる。これは、自治体レベルで政策誘導を図ろうとする狙いがあるだろう。いずれも国民医療的な課題であるだけに、実施するのは自治体レベルだとしても、そのインフラを整備するため、国家として資金、マンパワーをどれだけ投入できるかが重要である。各医療機関としては単にビジネスチャンスとして政策誘導に乗るだけに終わらず、その実践を通じてどんな医療システムをつくるのか、一定の展望をもって参加

することが求められる。

> **column　地域包括ケアシステムにおける課題**
>
> 「地域包括ケアシステム」とは、「ニーズに応じた住宅が提供されることを基本とした上で、生活上の安全・安心・健康を確保するために、医療や介護のみならず、福祉サービスを含めたさまざまな生活支援サービスが日常生活の場（日常生活圏）で適切に提供できる体制」と定義されている。
>
> 2025年、団塊の世代が75歳となり高齢化がピークになるときに病気や介護が必要になった際、適切なサービスを使って、できるだけ住み慣れた地域（具体的には中学校区）で生活できるようにするサービスの提供体制の実現が目指されている。
>
> 介護保険サービス（共助）、医療保険サービス（共助）、住民主体のサービスやボランティア活動（互助）、セルフケアの取り組み（自助）など、地域の数多くの資源を有機的に連動させることが提唱されている。その一方で、地域の医療提供体制の現状と将来像を議論し、地域の病床数をデータに基づき調整する地域医療構想とも、地域包括ケアシステムはリンクしている。
>
> 地域包括ケアの先駆的な例として、公立みつぎ総合病院や尾道医師会などの取り組みや、社会福祉協議会や社会福祉法人による地域福祉活動があるが、現場からみると自助・互助の拡大のみが強調され、共助（社会保険）と税による公の負担（公助）の大幅な拡大は想定されていないように感じる。
>
> 今後、特に都市部では死亡者急増の時代を迎える。その際に、死亡難民が生じて社会問題化するのを防ぐことが、地域包括ケアシステムの究極の目標ではないかという指摘もある。地域包括ケアシステムを絵に描いた餅にしないためには、自助・互助に加えて、共助・公助の拡充も必要となる。

参考文献

1章

上林茂暢著「地域病院の技術構想──相似論かレベル論か」『柳原・みさと健和病院通信』No77、1985.8.28

2章

梶田昭著「医学の歴史」講談社学術文庫、2003年

小川鼎三著「医学の歴史」中公新書、1964年

川喜田愛郎・佐々木力著「医学史と数学史の対話」中公新書、1992年

日本学士院日本科学史刊行会編「明治前日本医学史　第3巻、第4巻」日本学術振興会、1956年

エドワード・ショーター著「精神医学の歴史」青土社、1999年

坂井建雄著「謎の解剖学者　ヴェサリウス」筑摩書房、1999年

川喜田愛郎著「近代医学の史的基盤　上・下」岩波書店、1977年

R.ScottStevenson、Dauglas Guthrie共著、小野譲訳「耳鼻咽喉科学史」、1959年

広戸幾一朗著「小耳鼻咽喉科書第5版」金芳堂、1986年

竹内一夫監修「標準脳外科学第5版」医学書院、1990年

榊原悠紀田郎著「歯科保健医療史」医歯薬出版、2002年

本間邦則著「歯学史概説」医歯薬出版、1971年

佐藤美実著「概説産科婦人科学史」医学書院、1957年

J・トールワルド著「外科の夜明け」小学館、1995年

榎本尚美・伊東和人著「麻酔四十年の軌跡」真興交易医書出版部、1991年

「日本整形外科学会60年の歩み」、1987年

杉岡洋一監修「神中整形外科学」上巻、2004年

丸尾敏夫・本田孔士・臼井正彦・田野保雄著「眼科学」〈Ⅱ〉文光堂、2002年

「日本医学の発達」日新医学本社、1955年

服部伸著「近代医学の光と影」山川出版社、2004年

3章

酒井シヅ著「日本の医療史」東京書籍、1982年

日本学士院日本科学史刊行会編「明治前日本医学史　第3巻、第4巻」日本学術振興会、1956年

東京大学医学部創立百年記念会、東京大学医学部百年史編集委員会編「東京大学医学部百年史」東京大学出版会、1967年

日本整形外科学会Historian委員会編「日本整形外科学会80年史」社団法人日本整形外科学会、2006年

京都大学七十年史編集員会編「京都大学七十年史」、1967年

九州大学創立五十周年記念会編「九州大学五十年史　学術史　上巻」、1967年

千葉大学医学部創立八十五周年記念会編集委員会編「千葉大学医学部八十五年史」、1964年

岡山大学医学部創立百周年記念会「岡山大学医学部百年史」、1972年

慶應義塾大学医学部「慶應義塾大学医学部六十周年記念誌」、1983年

岩手医科大学「岩手医科大学四十年史」、1968年

寺崎昌男著「増補版　日本における大学自治制度の成立」評論社、2000年

川上武著「現代日本医療史」勁草書房、1965年

日本医学百年史刊行会編「日本医学百年史」臨床医学社、1957年

厚生省医務局「医制八十年史」、1955年

今田見信・正木正著「日本の歯科医学教育小史」医歯薬出版、1977年

榊原悠紀田郎著「歯科保健医療小史」医歯薬出版、2002年

会田俊一著「医法」日本医政会、1927年

石黒忠悳著「懐旧九十年」岩波文庫、1983年

川上武著「現代日本病人史」勁草書房、1982年

藤目ゆき著「性の歴史学」不二出版、1999年

川上武編著「戦後日本病人史」農文協、2002年

岡田靖雄著「日本精神科医療史」医学書院、2002年

4章

上林茂暢「病院自動化──その現状と将来」勁草書房、1982年

岡田靖雄「精神医療──精神病はなおせる」勁草書房、1964年

湯槇ます監修、臼井坦子・小玉香津子・田村真・小南吉彦編訳「ナイチンゲール著作集」第二巻、現代社、1974年

上林茂暢「写真で見る20世紀の医療技術の進歩と病院」(特集病院医療──21世紀への遺産『病院』59(12)、2000年

最新医学創刊二十周年記念 臨時増刊特集「臨床医学における戦後二十年」最新医学社、1965年

日本胸部外科学会「日本胸部学会30年のあゆみ」、1977年

創刊20周年記念特大号「外科20年の歩み」『外科診療』、1978年11月号

川上武編「概観・図説・年表 戦後医療の30年」からだの科学臨時増刊日本評論社、1975年

宮本忍「私の昭和外科史」日本評論社、1985年

日本麻酔学会「麻酔科マンパワー不足に対する日本麻酔学会の提言」、2005.9

「日本医学会総会学術講座」、1967年

「特集 認定医、専門医はどうなる!?」『医療'89』5(6)、1989.6

浅山健「病院内麻酔科開業」『麻酔』xⅧ(13)、1969.12

日本科学史学会編「日本科学技術史大系25医学2」第一法規出版、1967年

砂原茂一・上田敏「ある病気の運命──結核との闘いから何を学ぶか」東京大学出版会、1984年

大塚敏文「救急医療」ちくまライブラリー、1991年

林百郎「手術──その歴史と展開」NHKブックス、1974年

岑折登夫「美人にメス──美容外科医のカルテ」朝日新聞社、1993年

鬼塚卓彌「形成外科手術書(改訂第4版):基礎編」南江堂、2007年

萩野洋一、倉田喜一郎、牧野惟男編「形成外科学入門」、1978年

榊原仟「私の安全哲学 手術の安全性について①〜③」『科学朝日』、1967.5〜7

上田敏「リハビリテーションの思想──人間復権の医療を求めて」第2版、医学書院、2001年

二木立・上田敏「脳卒中の早期リハビリテーション-これからの考え方と進め方」医学書院、1987年

砂原茂一「リハビリテーション」岩波新書、1980年

橋本寛敏「病院及び医療の諸問題」『特集　病院10周年記念号－病院10年のあゆみ』『病院』18(7)、1959年

守屋博「管理者から見た放射線科の諸問題」『病院』26(2)、1967年

岩田誠「臨床医が語る認知症の脳科学」日本評論社、2009年

「我が国の臨床検査の歴史」SRL、2000年

毛利子来「現代日本小児保健史」ドメス出版、1972年

駿河敬次郎「小児外科──新しい赤ちゃんの医学」中公新書、1967年

NHK取材班「うつ病治療　常識が変わる」宝島社、2009年

池見酉次郎著「心療内科」中公新書、1963年

索 引

[C]

CT······························ 4, 60

[I]

ICU······························60
iPS······························65

[M]

MRI····························· 4, 60
MRSA····························12

[T]

TVレントゲン······················64

[X]

X線診断装置······················61

[あ]

アメリカ医学······················10
アレルギー科···················77, 80
アンドレアス・ヴェザリウス··········9
アンブロアス・パレ················11

[い]

医局講座制························33
イグナツ・ゼンメルワイス··········12
医師法····························41
医師免許規則······················36

医術開業試験規則··················36
一次医療····························3
一般医························· 3, 6, 92
遺伝子組み換え技術················65
遺伝子操作························65
医療技術の進歩····················60
医療機能····························3
医療機能の類型化····················3
医療経営····························2
医療システム······················92
医療費······························4

[う]

ウィリアム・ハーヴェイ············9
ウェブサイト広告··················86
宇都宮病院事件····················53

[え]

エコー··························· 4, 60

[お]

娼妓病院··························48

[か]

開心術····························71
開腹手術··························13
解剖学······························9
かかりつけ医························5
喀痰検査··························70

脚気病院････････････････････47
家庭医･･････････････････････5
花柳病院････････････････････48
ガレノス････････････････････9
がん･････････････････････4, 60
眼科･･････････････････････15
関節疾患･･････････････････15
感染症････････････････60, 61
冠動脈疾患････････････････71
冠動脈バイパス手術･･････････4
漢方･････････････････････11
緩和ケア･･････････････････68

[き]

気管食道科････････････69, 72
気管内麻酔･･････････60, 67, 73
技術構造･･･････････････････8
技術の進歩････････････････8
技術レベル･････････････････3
局所麻酔･･････････････････67
禁煙外来･･････････････････95
近代医学･････････････････9, 60

[く]

クロード・ベルナール･･････････10

[け]

形成外科････････････････74, 76
外科･････････････････････11
血液ガス分析･･････････････70
血液自動分析器････････････60
血液循環論･････････････････9

血液透析･･････････････････64
結核療養所････････････････50
研究室医学････････････････10
検査センター･･････････････64

[こ]

高カロリー輸液････････････64
口腔外科･･････････････････17
抗結核剤･･････････････････50
膠原病････････････････････80
広告可能な診療科名････････84
公衆衛生･･････････････････60
抗生剤････････････････････60
向精神薬･･････････････････60
高度医療･････････････････3, 60
高度医療機器･･････････････60
高度医療の進展････････････61
呼吸器外科････････････69, 70
呼吸機能検査･･････････････70
心の病････････････････････5
5疾病5事業････････････････95
骨折･････････････････････15
コレラ････････････････････46

[さ]

在院日数･･･････････････････2
災害外科･･････････････････15
再興感染症････････････････52
在宅医療･･････････････････65
在宅診療･･････････････････93
産院･････････････････････13
産科･････････････････････13

産科手術・・・・・・・・・・・・・・・・・・・・・・・・・・12
三次医療・・・・・・・・・・・・・・・・・・・・・・・・・・・3
残存能力・・・・・・・・・・・・・・・・・・・・・・・・・・73

[し]

歯科・・・・・・・・・・・・・・・・・・・・・・・・・・・・・17
歯科医師法・・・・・・・・・・・・・・・・・・・・・・・・40
止血法・・・・・・・・・・・・・・・・・・・・・・・・・・・・12
自然哲学・・・・・・・・・・・・・・・・・・・・・・・・・・・9
私宅監置・・・・・・・・・・・・・・・・・・・・・・・・・・52
疾病構造・・・・・・・・・・・・・・・・・・・・・・・・・・92
耳鼻咽喉科・・・・・・・・・・・・・・・・・・・・・・・・16
社会病・・・・・・・・・・・・・・・・・・・・・・・・・・・・17
社会保険診療・・・・・・・・・・・・・・・・・・・・・・・2
周術期・・・・・・・・・・・・・・・・・・・・・・・・・・・・68
主観としての障害・・・・・・・・・・・・・・・・・・74
手術療法・・・・・・・・・・・・・・・・・・・・・・・・・・12
消毒・・・・・・・・・・・・・・・・・・・・・・・・・・・・・・12
小児科・・・・・・・・・・・・・・・・・・・・・・・19, 81
小児外科・・・・・・・・・・・・・・・・・・・・・・77, 81
小児歯科・・・・・・・・・・・・・・・・・・・・・・77, 81
ジョーゼフ・リスター・・・・・・・・・・・・・・12
除細動器・・・・・・・・・・・・・・・・・・・・・・・・・・64
助産婦（師）・・・・・・・・・・・・・・・・・・・・・・13
自立生活運動・・・・・・・・・・・・・・・・・・・・・・74
心筋梗塞・・・・・・・・・・・・・・・・・・・・・・・・・・・4
神経科・・・・・・・・・・・・・・・・・・・・・・・・・・・・79
神経内科・・・・・・・・・・・・・・・・・・・・・・・・・・78
人工呼吸器・・・・・・・・・・・・・・・・・・・・・・・・79
人工心肺装置・・・・・・・・・・・・・・・・・・・・・・71
人工臓器・・・・・・・・・・・・・・・・・・60, 64, 72
新専門医制度・・・・・・・・・・・・・・・・・・・・・・94

心臓カテーテル・・・・・・・・・・・・・・・・・・・・71
心臓カテーテル検査・・・・・・・・・・・・・・・・71
心臓血管外科・・・・・・・・・・・・・・・・・・69, 71
心臓病・・・・・・・・・・・・・・・・・・・・・・・・・・・・60
心臓弁膜症・・・・・・・・・・・・・・・・・・・・・・・・71
心電計・・・・・・・・・・・・・・・・・・・・・・・・・・・・61
診療圏・・・・・・・・・・・・・・・・・・・・・・・・・・・・・3
心療内科・・・・・・・・・・・・・・・・・・・・・・77, 82
診療に関する広告・・・・・・・・・・・・・・・・・・40

[す]

スポーツ医学・・・・・・・・・・・・・・・・・・・・・・15

[せ]

生活習慣病・・・・・・・・・・・・・・・・・・・・60, 61
生活水準・・・・・・・・・・・・・・・・・・・・・・・・・・60
生活の質（QOL）・・・・・・・・・・・・・・・・・・74
整形外科・・・・・・・・・・・・・・・・・・・・・・・・・・15
精神科・・・・・・・・・・・・・・・・・・・・20, 79, 82
精神科病院・・・・・・・・・・・・・・・・・・・・・・・・52
精神障害・・・・・・・・・・・・・・・・・・・・・・・・・・60
精神病・・・・・・・・・・・・・・・・・・・・・・・・・・・・61
性病・・・・・・・・・・・・・・・・・・・・・・・・・・・・・17
生命倫理・・・・・・・・・・・・・・・・・・・・・・・・・・65
西洋医学・・・・・・・・・・・・・・・・・・・・・・・・・・11
生理学・・・・・・・・・・・・・・・・・・・・・・・・・・・・13
脊髄造影・・・・・・・・・・・・・・・・・・・・・・・・・・72
石炭酸・・・・・・・・・・・・・・・・・・・・・・・・・・・・12
全身麻酔・・・・・・・・・・・・・・・・・・・・・・60, 67
選択的血管造影・・・・・・・・・・・・・・・・・・・・71
専門医・・・・・・・・・・・・・・・・・・・・・・・・5, 92
専門医制・・・・・・・・・・・・・・・・・・・・・・5, 42

索引

専門診療科·····5

[そ]

総合診療科·····93
創傷治療·····11
蘇生術·····72

[た]

体外受精·····65
第三次医療法改正·····3
代償の医学·····73
第二次医療法改正·····3
脱臼·····15
断層撮影·····70, 76

[ち]

地域医療支援病院·····3, 5
地域包括ケアシステム·····96
チーム医療·····3
中央化·····76
聴診器·····10

[て]

帝王切開·····13
低体温法·····71
デオドール・ビルロート·····71
電気凝固装置·····72

[と]

動脈管開存の結紮手術·····71
トーマス・シデナム·····10
特定機能病院·····3

[な]

内科·····9
内視鏡ファイバー·····64
ナイチンゲール·····61
難病·····60, 61

[に]

二次医療·····3
日常生活動作（ADL）·····64, 73
日当点·····2
日本医療機能評価機構·····69
日本麻酔学会·····69
認知症·····5

[の]

脳血管造影·····72
脳神経外科·····69, 72
脳卒中·····4, 60

[は]

バイオテクノロジー·····60, 65
肺化膿症·····70
肺がん·····70
肺結核·····70
廃用性症候群·····73
ハイリスク群·····64
パリ病院医学·····10
ハンセン病·····49

[ひ]

日帰り手術·····64

ヒトゲノムの解読	65
泌尿器科	17
避病院	46
皮膚科	17
ヒポクラテス	9
標準医	92
標榜診療科	61
病理学	10

[ふ]

婦人科	13

[へ]

平圧開胸論争	67
平均寿命	60
ペインクリニック	68
ペースメーカー	64, 72
ヘルマン・ブールハーフェ	10
ヘルマン・ヘルムホルツ	15
遍歴医	9

[ほ]

膀胱鏡	17
放射線科	76
放射線治療	64

[ま]

マイクロサージェリー	64, 72
麻酔法	12
慢性疾患	60

[む]

無菌法	12

[め]

名称独占	68

[も]

物忘れ外来	95

[ゆ]

輸血	60, 72
輸血技術	60

[よ]

予備力	65

[ら]

ライシャワー事件	53
らい（ハンセン病）療養所	49

[り]

リウマチ科	77, 80
理学療法科	77
リハビリテーション	5, 73
療養病床	5
臨床医学	10
臨床検査	61
臨床研修	93

[る]

ルイ・パスツール	10

索引

ルドルフ・ウィルヒョウ・・・・・・・・・・・・・・10
ルネ・ラエンネック・・・・・・・・・・・・・・・・・・10

[れ]

レーザー治療・・・・・・・・・・・・・・・・・・・・・・・・64
レントゲン・・・・・・・・・・・・・・・・・・・・・・・・・・76

[ろ]

老人病・・・・・・・・・・・・・・・・・・・・・・・・・・・・・・61
ロベルト・コッホ・・・・・・・・・・・・・・・・・・・・10

著者紹介

上林　茂暢（かんばやし・しげのぶ）
（第1章、第2章1〜3節、第4章1節・2節、第5章）
1967年、東京医科歯科大学医学部卒業。1972年、医療法人財団健和会柳原病院入職。1994年、医療法人健和会みさと健和病院院長、1998年、龍谷大学社会学部地域福祉学科教授を経て、現在、医療法人健愛会柳原ホームケア診療所勤務。
著書に、『病院自動化──その現状と将来』（勁草書房）、『先端医療──診断・治療の最前線』（講談社）。

山内　常男（やまうち・つねお）
（第2章2〜6節、第3章、第4章2節）
1995年、岡山大学医学部卒業。2007年、医療法人財団健和会臨床疫学研究所所長、2004年、東洋大学非常勤講師。現在、健愛会柳原診療所所長。
著書に、『戦後日本病人史』（共著、農山漁村文化協会）、『日本の「医療の質」を問い直す』（共著、医学書院）。

『医療経営士テキストシリーズ』　総監修

川渕　孝一（かわぶち・こういち）
1959年生まれ。1983年、一橋大学商学部卒業後、民間病院・企業を経て、1987年、シカゴ大学経営大学院でMBA取得。国立医療・病院管理研究所、国立社会保障・人口問題研究所勤務、日本福祉大学経済学部教授、日医総研主席研究員、経済産業研究所ファカルティ・フェロー、スタンフォード大学客員研究員などを経て、現在、東京医科歯科大学大学院教授。主な研究テーマは医業経営、医療経済、医療政策など。『2040年の薬局』（薬事日報社）、『第六次医療法改正のポイントと対応戦略60』『病院の品格』（いずれも日本医療企画）、『医療再生は可能か』（筑摩書房）、『医療改革〜痛みを感じない制度設計を〜』（東洋経済新報社）など著書多数。

MEMO

MEMO

MEMO

MEMO

『医療経営士テキストシリーズ』

「医療経営士」が今、なぜ必要か?

マネジメントとは経営学で「個人が単独では成し得ない結果を達成するために他人の活動を調整する行動」と定義される。医療機関にマネジメントがないということは、「コンサートマスターのいないオーケストラ」、「参謀のいない軍隊」のようなものである。

わが国の医療機関は、収入の大半を保険診療で得ているため、経営層はどうしても「診療報酬をいかに算定するか」「制度改革の行方はどうなるのか」という面に関心が向いてしまう。これは"制度ビジネス"なので致し方ないが、現在、わが国の医療機関に求められているのは「医療の質の向上と効率化の同時達成」だ。この二律相反するテーマを解決するには、医療と経営の質の両面を理解した上で病院全体をマネジメントしていくことが求められる。

医療経営の分野においては近年、医療マーケティングやバランスト・スコアカード、リエンジニアリング、ペイ・フォー・パフォーマンスといった経営手法が脚光を浴びてきた。しかし、実際の現場に根づいているかといえば、必ずしもそうとは言えない。その大きな原因は、医療経営に携わる職員がマネジメントの基礎となる真の知識を持ち合わせていないことだ。

医療マネジメントは、実践科学である。しかし、その理論や手法に関する学問体系の整備は遅れていたため、医療関係者が実践に則した形で学ぶことができる環境がほとんどなかったのも事実である。

そこで、こうした医療マネジメントを実践的かつ体系的に学べるテキストブックとして期待されるのが、本『医療経営士テキストシリーズ』である。目指すは、医療経営に必要な知識を持ち、医療全体をマネジメントしていける「人財」の養成だ。

なお、本シリーズの特徴は、初級・中級・上級の3級編になっていること。初級編では、初学者に不可欠な医療制度や行政の仕組みから倫理まで一定の基礎を学ぶことができる。また、中級編では、医療マーケティングや経営戦略、組織改革、財務・会計、物品管理、医療IT、チーム力、リーダーシップなど、「ヒト・モノ・カネ・情報」の側面からマネジメントに必要な知識が整理できる。そして上級編では、各種マネジメントツールの活用から保険外事業まで医療機関のトップや経営参謀を務めるスタッフに必須となる事案を網羅している。段階を踏みながら、必要な知識を体系的に学べるように構成されている点がポイントだ。

テキストの編著は医療経営の第一線で活躍している精鋭の研究者や実務家である。そのため、内容はすべて実践に資するものになっている。医療マネジメントを体系的にマスターしていくために、初級編から入り、ステップアップしていただきたい。

医療マネジメントは知見が蓄積されていくにつれ、日々進歩していく科学であるため、テキストブックを利用した独学だけではすべてをフォローできない面もあるだろう。そのためテキストブックは改訂やラインアップを増やすなど、日々進化させていく予定だ。また、執筆者と履修者が集まって、双方向のコミュニケーションを行える検討会や研究会といった「場」を設置していくことも視野に入れている。

本シリーズが医療機関に勤務する事務職はもとより、医師や看護職、そして医療関連サービスの従事者に使っていただき、そこで得た知見を現場で実践していただければ幸いである。そうすることで一人でも多くの病院経営を担う「人財」が育ち、その結果、医療機関の経営の質、日本の医療全体の質が高まることを切に願っている。

『医療経営士テキストシリーズ』総監修
川渕 孝一

■初級テキストシリーズ(全8巻)

巻	タイトル	編著者代表
1	医療経営史 ― 医療の起源から巨大病院の出現まで[第3版]	酒井シヅ(順天堂大学名誉教授・特任教授/元日本医史学会理事長)
2	日本の医療政策と地域医療システム ― 医療制度の基礎知識と最新動向[第4版]	尾形裕也(九州大学名誉教授)
3	日本の医療関連法規 ― その歴史と基礎知識[第4版]	平井謙二(医療経営コンサルタント)
4	病院の仕組み/各種団体、学会の成り立ち ― 内部構造と外部環境の基礎知識[第3版]	木村憲洋(高崎健康福祉大学健康福祉学部医療情報学科准教授)
5	診療科目の歴史と医療技術の進歩 ― 医療の細分化による専門医の誕生、総合医・一般医の役割[第3版]	上林茂暢(龍谷大学社会学部地域福祉学科名誉教授)
6	日本の医療関連サービス ― 病院を取り巻く医療産業の状況[第3版]	井上貴裕(千葉大学医学部附属病院副院長・病院経営管理学研究センター長)
7	患者と医療サービス ― 患者視点の医療とは[第3版]	深津博(愛知医科大学病院医療情報部特任教授/日本医療コンシェルジュ研究所理事長)
8	医療倫理/臨床倫理 ― 医療人としての基礎知識	箕岡真子(東京大学大学院医学系研究科医療倫理学分野客員研究員/箕岡医院院長)

■中級テキストシリーズ（全19巻）

【一般講座】（全10巻）

巻	タイトル	編著者代表
1	医療経営概論―病院の経営に必要な基本要素とは	吉長成恭（広島国際大学大学院医療経営学専攻教授）
2	経営理念・ビジョン／経営戦略―経営戦略実行のための基本知識	鐘江康一郎（聖路加国際病院経営企画室）
3	医療マーケティングと地域医療―患者を顧客としてとらえられるか	真野俊樹（多摩大学統合リスクマネジメント研究所教授）
4	医療ITシステム―診療情報の戦略的活用と地域包括ケアの推進	瀬戸僚馬（東京医療保健大学大学院医療保健学部医療情報学科准教授）
5	組織管理／組織改革―改革こそが経営だ！	冨田健司（同志社大学商学部商学科准教授）
6	人的資材管理―ヒトは経営の根幹	米本倉基（岡崎女子短期大学教授）
7	事務管理／物品管理―コスト意識を持っているか？	山本康弘（国際医療福祉大学医療福祉・マネジメント学科教授）
8	財務会計／資金調達（1）財務会計	橋口徹（日本福祉大学福祉経営学部教授）
9	財務会計／資金調達（2）資金調達	福永肇（藤田保健衛生大学医療科学部医療経営情報学科教授）
10	医療法務／医療の安全管理―訴訟になる前に知っておくべきこと	須田清（弁護士／大東文化大学法科大学院教授）

【専門講座】（全9巻）

巻	タイトル	編著者代表
1	診療報酬制度と医業収益―病院機能別に考察する戦略的経営［第4版］	井上貴裕（千葉大学医学部附属病院副病院長・病院経営管理学研究センター長）
2	広報・広告／ブランディング―集患力をアップさせるために	石田章一（日本HIS研究センター代表理事／ビジョンヘルスケアズ代表）
3	部門別管理―目標管理制度の導入と実践	西村周三（京都大学理事・副学長）、森田直行（京セラマネジメントコンサルティング代表取締役会長兼社長／前京セラ代表取締役副会長）
4	医療・介護の連携―地域包括ケアと病院経営［第4版］	橋爪章（元保健医療経営大学学長）
5	経営手法の進化と多様化―課題・問題解決力を身につけよう	鐘江康一郎（聖路加国際病院経営企画室）
6	創造するリーダーシップとチーム医療―医療イノベーションの創発	松下博宣（東京農工大学大学院技術経営研究科教授）
7	業務改革―病院活性化のための効果的手法	白濱伸也（日本能率協会コンサルティング品質経営事業部シニア・コンサルタント）
8	チーム医療と現場力―強い組織と人材をつくる病院風土改革	白髪昌世（広島国際大学医療経営学部医療経営学科教授）
9	医療サービスの多様化と実践―患者は何を求めているのか	島田直樹（ピー・アンド・イー・ディレクションズ代表取締役）

■上級テキストシリーズ（全13巻）

巻	タイトル	編著者代表
1	病院経営戦略論―経営手法の多様化と戦略実行にあたって	尾形裕也（九州大学大学院医学研究院医療経営・管理学講座教授）
2	バランスト・スコアカード―その理論と実践	荒井耕（一橋大学大学院商学研究科管理会計分野准教授）、正木義博（社会福祉法人恩賜財団済生会横浜市東部病院院長補佐）
3	クリニカルパス／地域医療連携―医療資源の有効活用による医療の質向上と効率化	濃沼信夫（東北大学大学院医学系研究科教授）
4	医工連携―最新動向と将来展望	田中紘一（公益財団法人神戸国際医療交流財団理事長）
5	医療ガバナンス―医療機関のガバナンス構築を目指して	内田亨（西武文理大学サービス経営学部健康福祉マネジメント学科准教授）
6	医療品質経営―患者中心医療の意義と方法論	飯塚悦功（東京大学大学院工学系研究科医療社会システム工学寄付講座特任教授）、水流聡子（東京大学大学院工学系研究科医療社会システム工学寄付講座特任教授）
7	医療情報セキュリティマネジメントシステム（ISMS）	紀ノ定保臣（岐阜大学大学院医学系研究科医療情報学分野教授）
8	医療事故とクライシスマネジメント―基本概念の理解から危機的状況の打開まで	安川文朗（熊本大学法学部公共社会政策論講座教授）
9	DPCによる戦略的病院経営―急性期病院経営に求められるDPC活用術	松田晋哉（産業医科大学医学部教授（領域公衆衛生学））
10	経営形態―その種類と選択術	羽生正宗（山口大学大学院経済学研究科教授／税理士）
11	医療コミュニケーション―医療従事者と患者の信頼関係構築	荒木正見（九州大学哲学会会長、地域健康文化学研究所所長）、荒木登茂子（九州大学大学院医学研究院医療経営・管理学講座医療コミュニケーション学分野教授）
12	保険外診療／附帯業務―自由診療と医療関連ビジネス	浅野信久（大和証券キャピタル・マーケッツ コーポレートファイナンス第一部担当部長／東京大学大学院客員研究員）
13	介護経営―介護事業成功への道しるべ	小笠原浩一（東北福祉大学大学院総合福祉学研究科教授／ラウレア応用科学大学国際諮問委員・研究フェロー）

※肩書きはテキスト執筆時のものです

医療経営士●初級テキスト5［第3版］
診療科目の歴史と医療技術の進歩──医療の細分化による専門医の誕生、総合医・一般医の役割

2018年7月24日　第3版第1刷発行

共　　著　上林　茂暢・山内　常男
発行人　林　諄
発行所　株式会社 日本医療企画
　　　　〒101-0033　東京都千代田区神田岩本町4-14　神田平成ビル
　　　　TEL 03-3256-2861（代）　http://www.jmp.co.jp
　　　　「医療経営士」専用ページ　http://www.jmp.co.jp/mm/
印刷所　図書印刷 株式会社

©SHIGENOBU KANBAYASHI & TSUNEO YAMAUCHI 2018,Printed in Japan
ISBN978-4-86439-681-3 C3034　　　　定価は表紙に表示しています
※本書の全部または一部の複写・複製・転訳載等の一切を禁じます。これらの許諾については小社までご照会ください。